ら変わる
わたしの24時間

OURHOME Emi

大和書房

はじめに

これまで片づけや子育てなど、暮らしにまつわる19冊の本を出版してきました。
そして20冊目となる本は「時間のつかいかた」がテーマです。

「今までの人生、時間を上手に使い、ここまでやってきました！」と言いたいところですが……15年前に双子を出産し、会社員として仕事復帰した頃の思い出を色で表すと、「グレー」一色。

当時、はりきって掲げた〝24時間の理想のスケジュール〟には程遠く、残業するみなさんを横目に急いで退社、駅から家までの道でポタポタと涙が落ち、5分だけスナック菓子をやけ食いして、何もなかったかのように双子を保育園にお迎えに行く。

仕事も暮らしもうまく回らない。

当時夫は帰宅が遅く、出張もたびたびあり、今で言うところの〝ワンオペ育児〟だったように思います。

気持ちも体もついていかず、よく体調を崩し、2ヶ月に1度は風邪をひき、点滴のお世話になっていました。

そんなわたしが、12年前に働きかたを変え、フリーランスとなり、双子育児の傍ら、兵庫県西宮で起業し法人化、今ではオンラインショップと実店舗を運営。スタッフはおかげさまで32名となりました。

こう書くと、なんでもうまくいきバリバリのキャリアを積んでいるようにも思われるのですが、暮らしも仕事もできるだけ「今」決めることを大事にして、誰かのことで悩む時間を、自分の時間に変え、ひとつひとつ、本当に小さな岐路を、選び進んできて今があります。

＊＊＊

2年前にVoicy「暮らす働く〝ちょうどいい〟ラジオ」をスタートさせました。

お悩みを募集するコーナーがあるのですが、２００８年から整理収納アドバイザーとしてずっと活動してきたわたしには、きっとキッチンの片づけやおもちゃの収納についてのお悩みを寄せていただくのだろうと思っていたのです。

ところが、実際に寄せられたお悩みは、

・やりたいことがあるのに後回しにしてしまう
・そもそも好きなことがわからない
・子どもの習い事のことで人と比較して悩む
・同僚の言動にイライラして仕事が手につかない
・SNSばかり見てあっという間に時間が経つ……
・落ち込みやすく、暮らしが上手に回らない

「Emiさんどうしたらいいですか?」と。

なんと、片づけのお悩みはほとんどありませんでした。

我慢してやれば暮らしは回るけれど、イライラモヤモヤしている……そんな日々を送るリスナーのみなさん。

どうしたらお悩みを解決してさしあげられるのだろう。これって……ほとんどは「時間のつかいかたや捉えかた」で解決できることなのでは?

20冊目となる本は、女性の生きかたまで含めた、時間術の本をつくりたい！

時間に追われずに、時間を追いかけよう。

わたしも同じように、バタバタする日もあるけれど、自分なりの考えかたや方法をめいっぱい詰め込みました。

＊＊＊

自分に自信がなかったり、もう今の生活は変わらないから諦めるって思っていたり。

でも、

「本当は、変わりたい」

自分の人生を、自分の時間をごきげんに生きたいと思っている方へ向けて、メッセージをたくさん詰め込んだ本です。

時間効率を上げることが大事なのではなく、
生み出した時間で、自分のやりたいことに時間を使おう！

⁂

わたしのやりかたがすべてではないし、時間を管理する具体的な方法をたくさん詰め込んだからこそ、この本を読んで、やること、やりたいことがいっぱいで苦しくなったら本末転倒です。

ご自身にとって、いいところだけ読んでピ～ン！　ときたことをまずは3つだけやってみてほしいのです。

たくさんある方法を「あれもできなかった」「これもできなかった」ではなく、「今」できたことが、あなたにとって「ちょうどいい」。

この本を手に取ってくださったみなさまにとって、何かひとつでもお役に立てることがあれば幸いです。

OURHOME　Emi

Q. 時間をととのえて「生まれた時間」で何をしたいですか？

より具体的に
書きだそう！

たとえばこんなこと

・映画「〇〇〇」を観る
・子どもの写真整理5年分
・毎日30分資格・語学の勉強
・オンラインでヨガレッスン
・子どもと絵本を読む
・両親と箱根1泊旅行の計画を立てる
・夫婦でモーニングに行く
・家族のお金のことを見直す

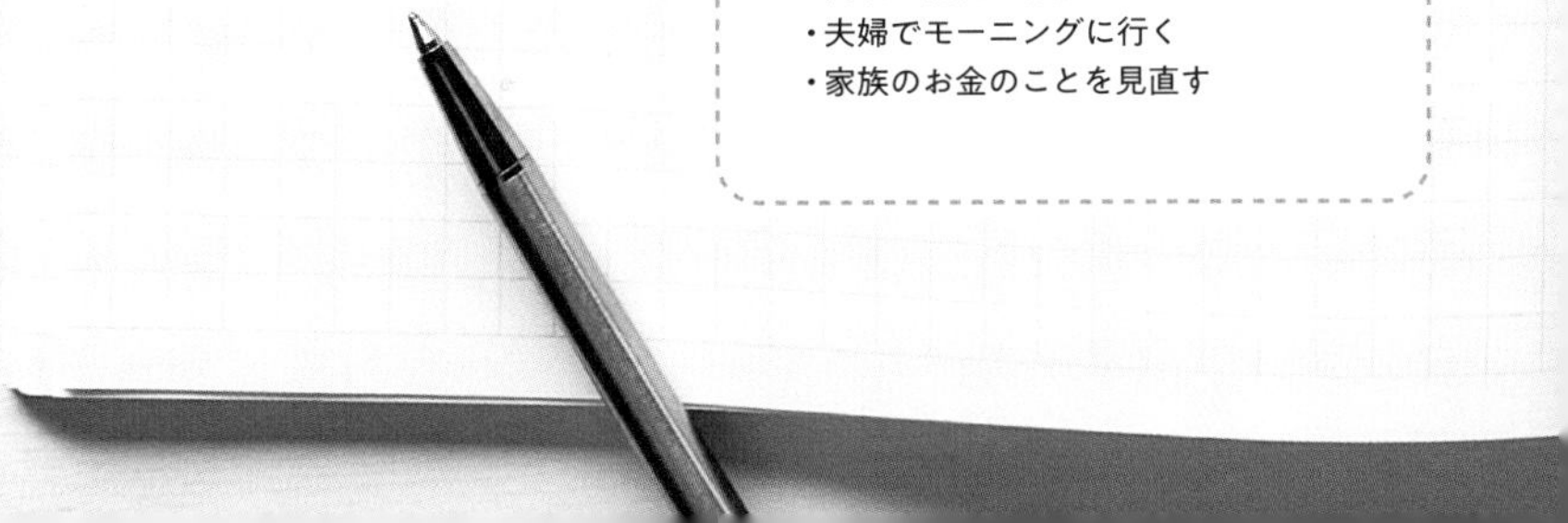

Emi's one day

わたしの24時間スケジュール

夫と中学3年生の双子と暮らし、
仕事は32人のスタッフと共に働いています。
そんなわたしの、1日の流れをご紹介。

5:45 起床

ネコにあいさつ
☑ ネコのお水を入れ替え

☑ 娘の朝食用意
☑ コーヒーのお湯を沸かす

Point
前日の残りものや作りおきを温めるだけ

5:55 ☑ 乾燥機で仕上がった洗濯物を片づける

Point
子どもの服はかごに放り込むだけ（各自でたたむ）

6:05 ☑ 乾燥機にかけない洗濯物、スイッチオン！
——娘起床、洗顔など

6:10 娘と朝食を食べながら少し話す、コーヒーを飲む
☑ お弁当用意（長期休み中は子どもたちの分も）
☑ 息子の補食用おにぎりをつくる

Point
前日の残りものを詰める

6:35 メイク

6:50 着替え

Point
クリップを境に左がボトムス、右がトップス。よく使う服を中央に

7:00 ヘアセット

Point
洗面所やトイレは使った流れで掃除

7:10 ☑ 洗濯物を室内に干す
☑ ゴミをまとめる
——このあたりで夫と息子が起床、息子の朝食は夫にバトンタッチ

7:30 出発

8:00 出社 週の半分はスタッフ出勤前にひとりスペースで仕事スタート！

☑ 起床時間、昨日食べたもの、運動などのログを手帳にメモ
☑ マイノートに書きたいことがあれば書く
☑ Voicy（ラジオ）収録
☑ 連載や書籍の原稿執筆

Point
やらねばならないことより「やりたいことファースト」で時間をつくる！

（9:00出社の日は、自宅で夫と仕事の会話、掃除機かけ、布団を干す、など）

9:30 朝礼 スタッフ出社。全員で今日やることを確認

☑ メール、LINE WORKSの返信

Point
開いたらできるだけすぐ返信

10:00 打ち合わせ

Point
その場で決め、持ち帰りを減らす

12:00 昼食

Point
昼食は持参したお弁当で昼休みを短くして早めに退社！

12:30 午後の仕事スタート
お取引先と打ち合わせ

14:30 スタッフと打ち合わせ

Point
会議は極力減らし、立ったままの短い打ち合わせをまめにする

16:30〜17:00 退社

Point
みんな残業せず退社時間めがけて仕事を回す

近所の整体やネイルなどへ

Point
・数分で通える場所を優先で店選び
・次の予約もその場で取る

18:00 帰宅

ひと口
だけ
ビール！

☑ ソファーに座らず、室内に干した洗濯物を各部屋へ戻す

Point
服はたたまず「かける収納」に

☑ 夕飯づくり

Point
一度の調理で2倍の量をつくり翌朝のお弁当へ

——娘は軽く食べてから塾へ
——夫も帰宅

☑ Voicyを朝に収録できなかったときは、このあたりで30分ほど収録

19:00 夫と一緒に夕食

19:30 入浴、フリータイム　テレビやYouTube、読書など
（週に1回は90分のダンスレッスン）

22:00 子どもたち帰宅、夕食
ゴロゴロしながら子どもと会話

Point
食器を最後に食洗機に入れた人がスイッチオン

22:30 就寝

Point
健康のため睡眠時間は大切に

23:00
子どもたち入浴、就寝

Point
最後に入浴した人が、洗濯乾燥ボタンを押して就寝

目次

chapter 3 やりたいことファーストでいこう！

chapter 4 「なんとなく」をやめてみる 114

chapter 1

今決める

日々の時間で意識しているのは、「今決める」こと。
完璧主義をやめ「6割でいい」「仮で決める」と気持ちを切り替え、
小さく決めていくと、家庭も仕事もトントン進むようになりました。

I　「今決めたもの」がちょうどいい量

40代になった今、双子育児と仕事と趣味、日々バタバタしつつも、気持ちの上では、**「時間に追われず、時間を追いかけられる」**ようになりました。それは、何事も「あとでじっくり考えよう」という昔のわたしから、「今決める！」わたしに変身できたからです。

一日の中で「決めること」って本当に多いですよね。わたしの場合、今日の夕飯をどうするか、子どもの個人面談の日程、友達とのランチのお店選び。仕事ではオリジナルウェアの生地選び、このお仕事を受けるかどうか、など小さく数えると約１００個！

みなさんも、日々の小さなことでいうと、何を着るか、何を話すか？　母の誕生日に何を贈るか？　大きなところでは、家選びや、仕事選び、などたくさんあると思います。

本当に人生は「決めること」の連続です。

実は、20代の頃のわたしは「じっくり考えるともっといいアイデアが生まれてくるはず」「もっと調べたらいい情報が出てくるかも」と信じ、時間をたっぷり取って考えを深めることが正しいことだと思い込んでいたんです。むしろ、その場でサッと決めることは、考えなしのようなマイナスイメージさえ持っていました。

そんなわたしが2009年に双子を出産し、仕事復帰をしました。ワーキングマザー生活をスタートするも、どうにもこうにもうまく時間が使えず落ち込む日々……。

あるとき仕事と育児を上手に両立されている先輩に相談したところ、「議事録は会議中に作成してそのまま提出するし、商談メモは商談中にまとめるよ！」と教えていただきました。

それを聞いた瞬間、天地がひっくり返ったような衝撃を受けました。つまり「**あとで、を置いておかない＝今決める！**」ということ。完璧できれいな状態で出すより大事なのは、とにかく素早く出すこと！　**その時間内に決めたことが自分にとって「ちょうどいい」**。

そこからは、とにかくなんでも「今決める」を意識し始めました。友達との約束も、仕事のスケジュールも、なんでも。するとサクサク物事が進んでいき、時間も気持ちもよどまなくなり、川の流れのようにさ～～っと流れる！　この爽快感を一度味わうと、どんどん「今決められるように」なってきたんです。

&more
今日は、今月の子どもの写真をスマホで5分で選んでサクッと注文しました！

2 次の予約はその場で取る

わたしは美容院も歯医者も、帰り際に「今、次の予約を取る！」をします。以前は、「次回はどうされますか？」と聞かれると、なんとなく急かされている気になって「あとでまた予約します」と答えていたのです。でも、**「あとで」を置いておくと、髪が伸びいざ、というときには予約がいっぱい。**歯医者の定期検診は1年経っていたなんてこともありました。

帰り際の「今」予約を取れば、お店に来るまでに何分かかったか？　カラーとカットで何時間だったか？　今していただいたことなので、かかる時間がイメージできますよね。その時間の目処を持ちながら、「来月この日に予約しよう」と能動的に予約ができます。**追われて取るのではなくて、追いかけて予約！**　これができると、気持ちが全然違います。

&more　いつも集まる友人との帰り際に〝次に遊ぶ日程〟を決めるのも◎

3 「仮に」日程を、今決める

いざ、美容院や何かの予約を〝今決めよう！〟となると、みなさんは「今は先の予定がわからないし、仮に予約を取ったとしても変更することになりそう……だから今は予約できない」と思われませんか？　以前のわたしがまさにそうでした。でも今まで、**「仮に」日程を決めても、変更になることは結局1割もなかった**んです。仮であっても一度自分で組んだ日程は、それをベースに自然とほかの予定を組んでいくようになります。

もちろん突発的な子どもの病気や仕事のスケジュールなどで変更になることもときにはあります。そのためにも、日程を変更しやすいお店を選ぶように。ネイルであれば、ひとりで営業しているお店にキャンセルは迷惑をかけてしまうので、大勢ネイリストさんがいるお店を選ぶ。また変更も電話受付ではなく、ＬＩＮＥやネット予約など**相手に迷惑をできるだけかけず、自分自身が変更しやすいツールを扱うお店を選ぶ**ように。とにかく「仮に日程を今決める」、それだけでぐんと進みます。

& more
旅行も、行けるかわからないけど「仮に」日程を組んでカレンダーに書くと、ほぼ行けます！

4 提出物は「今」書いて出す

子どもの個人面談の日程や、マンションの消防点検の実施日、会社の歓送迎会の希望日アンケート。

日々の中で、何かを受け取り、自分の予定を確認して返事をする、ということ、意外とありますよね。「あとでやろう」と思っていると、あっという間に期日が近くなり焦ります。

どうせやらねばならないものなら「1回目に読んだ今、決めて提出しちゃう」。つまり「今決める！」です。

エイッと気合いは必要ですが、やらなければいけないことがずーっと頭の片隅にあるのはしんどいもの。小さな返信こそ溜めずにサクサク進めると、本当にやりたいことに時間を使えるようになります。

& more 子どもが学校から持ち帰ったプリントは冷蔵庫ポストに入れてもらい、その場で見て、立ったまま書いて返します。

5 メール・LINEを開いたらその場で返信

日常の中で、メールやLINEの返信が追いつかないことはよくある悩みですよね。

わたしが心がけているのは、**「一度開いたらその場ですぐ返信をすること」**。メールはCCで確認しておくだけのものも多くありますが、返信が必要なものは、開いたらその場で返事を考えて送ることを心がけています。すぐに返信できない場合は目印をつけて忘れないように。メールもLINEも、時間的に返信できるタイミングで開くのがポイントです。何度も読み返したり、返信を後回しにすることで、タスクがさらに増えてしまわないように。

毎回完璧にできるわけではないけれど、意識して積み重ねると、新しい時間の流れかたを感じることができるはずです。

& more 「今決めた」返事がわたしにとってちょうどいい量。相手もサクッと返事しやすいはず！

6 日々の小さな「決める練習」が大きな決断の自信につながる

人生は「選ぶこと」「決めること」の連続。仕事は何にするか？　どこで働くか？　マンションか戸建てか、子どもの学校や習い事選び、など次から次へ。

そんな大きな決断を、いきなり「今決める！」と思ってもなかなか選択に自信が持てないし、迷う方がほとんどだと思います。一度決めた決断にも、**これでよかったのかと後悔することがある**とご相談いただくことも多いです。

わたしはというと、40代の今、家族の旅行先や、大きな買い物、そして自社オフィスの場所や、スタッフ採用を決めることも、スッと道が見えて、後悔なく決断できるようになりました。

早めに決められると、物事がトントン進むし、相手がいる場合は待たせることがなくなる。大きなモヤッとしたものをずっと抱えていないので自分自身もラクです。

いわゆる大きな決断の際に、じっくりゆっくり時間をかけることなく、道がすーっと見えるのは、「日々の小さな決断」の積み重ねがあったから。ちゃんと自分の心の真ん中を大事にして決断することで、「自分で選べている」という自信がついてきたからだと思うのです。

なんでもいいや、ではなくて、これがいい！の小さな積み重ね。

- 今日のお昼ごはんは、なんでもいいやじゃなくて、八宝菜。
- 適当なボールペンじゃなくて、書き心地がいいPILOTの「ジュースアップ」。
- タオルは粗品じゃなくて、セブン－イレブンの「極ふわフェイスタオル」。
- お風呂に入るのは、いつでもいいや、じゃなくて、20時がいいな。

など、もちろん100％ではないとしても、**日々の小さなことを、ちゃんと自分の心に聞いて「今決める」**。

この積み重ねが、大きな決断をするときに、生きてくるのだと思います。

&more 今住んでいる中古マンションは、1秒で「ココだ～～！」と即決でした！

7

すぐやる、すぐすむ！気になったことはすぐにメモ

思いが高まっているとき、エンジンがかかっている「今」、メモを残す。それが自分を助けてくれる習慣になります。別の日に取りかかるとエンジンをかけ直すことに時間を使うし、熱量も減ってしまっています。**「鉄は熱いうちに打つ！」それが結果的に自分のためにも、人のためにもつながります**。

長年一緒に働くスタッフにも、だんだんとそのイズムが浸透している……！　とうれしくなったことがありました。スタッフと共に一から計画した4日間の東京出店が大盛況に終わり、疲れ切った体で新幹線に乗った数十分後のことです。スマホにスタッフからメモの嵐！　「試着室は3つ目があってもよかった」「お子さま連れの方には待ち時間に遊べるものを用意する」など、改善策がつぎつぎと！　きっと体は疲れている、けれど**「忘れないうちに、気持ちが熱いうちに、すぐメモしておきたい！」**という熱意が伝わってきました。その先にあるのは、もっとお客様に喜んでもらいたいという気持ち。

このとき、わたしたちは「すぐやる、すぐすむ」を心がけているから、長年お客さまに喜んでいただけているのだと感じました。すべてのことを早くやる！　というわけではなく、休むべきときは休み、ここぞ！　というときはアクセルを踏み込むメリハリが大事。その姿勢がスタッフとも共有できていることがわかった、本当にうれしい出来事でした。

& more 子どもの個人面談のあとも先生のお話をすぐにメモ。夫にシェアするのにも役立ちます。

8 6割くらいで、ちょうどいい

「何事も、だいたい6割ぐらいでちょうどいい」そう思えるようになって、随分と生きかたがラクになりました。

先述の通り、若い頃は企画書などを完璧な状態で上司に見てもらいたくて、仕上げるのにとても時間がかかりました。でも結局それは自分の完璧でしかなく、途中で事情があり企画が頓挫してしまうと、気持ちもポキっと折れる。そんなことがよくありました。

今の仕事や家事のスタイルは**「6割でいいから、自分にきたボールは、さっと早く蹴り返す！」。イメージは、サッカーのチーム練習**です。

ボールを自分のところで止めずに、軽いタッチで、ポンポンとパスを回す。ボールはひとつだけじゃなくて、何個も同時に蹴り合う。仕事も家事も、とにかく自分のところにきたら、ちょっと中途半端でも蹴り返す。溜めない、よどませない。ひとりでボールを運ぶのではなく、チームでパスし合いながらゴールを目指す。そんなふう。

家事では、夫が注文しておいてくれた冷蔵庫の食材を見て、わたしがとにかく野菜をカットしたり途中まで調理したり、最後はバトンタッチして夫が仕上げたり。その逆もしかり。自分で全部やろうとしない、来たボールをちょっとだけ蹴る、つなげる。

仕事が早いと感じる人は、6割でボールを返してくれます。ある取引先の方は、大きなプロジェクトがスタートする際、完璧な資料ではないけれど、まず粗いメモの状態で、「ざっくりですが、こんなふうに進めようと思っています。この段階で、もしイメージ違いがあればご連絡ください」と。そしてわたしはすぐにそのボールを返す。そんなふうにポンポンと進めていけば、大きくズレて修正に時間がかかるということがなくなります。

ただしお相手を見て、ボールの返しかたの加減は気をつけることも大事。こちらがやり過ぎていないか？　逆に、任せ過ぎていないか？　は考える必要がありますよね。

はじめから〝きちんと〟〝完璧に〟ではなく、ざっくり6割くらいで進めていくとうまくいくように感じます。片づけなども同じく。**0か100か、完璧を目指してしまうと時間もパワーも使います**。6割くらいでいいから、今進める。を意識してみると、部屋が片づきはじめて、空気が変わり、いろんなことが進み始める感覚を味わえると思います。

&more 髪型やネイルも、人に会うときだけ100％！ではなく、普段から6割くらいの気持ちをキープ。

9 「いつかやれるはず」と、自分に期待し過ぎない

本章の最後にお伝えしたいのは、**「いつかやれるはず」と自分に期待し過ぎない**こと。

自分に期待しないというとすごく寂しく、マイナスに聞こえるかもしれませんが、「あとでやろう」「いつかできるはず」「あとでじっくり考えたほうがいい案が生まれる」というのは、先の自分に〝期待している〟からだと思うんです。

でも、少し先にはその時点でのやるべきことに追われているはず。「いつか」「あとで」の時間はいつまでもやってこないのです。だから、未来の自分に期待せず、**今の自分に賭ける！**　そんな気持ちで「今決める」ことを始めてみませんか？

小さいことを今決める、その積み重ねがきっと、大きな決断をする際に、自分を助けてくれるようになります。

& more
大丈夫！　今決めても、あとで変更できることも多い。まずは進めることが大切！

お客様のリアルエピソード集

今決める

それだけでこんな変化が！

私が主催する時間管理のオンラインレッスンにご参加いただいた方のご感想より、"「今決める」を実践してよかった！"の声を抜粋してお届けします。

毎年のモヤモヤがすっきり ヨガの申し込みも！

「今決める」はめちゃくちゃ私に欠けていたことです。優柔不断で「大正解」を求めているところがあり、メールやLINEやDMの返信は少し寝かせたあとにしています。何もいいアイデアが思い浮かぶことないのに!! 文章に自信がなかったり、相手に不快な思いをさせないようにと考えすぎてしまうこともあります。

受講後すぐに、迷っていたバレンタインデーのチョコレートの発注をしました。会社で慣例化している義理チョコをやめたいと6年も思っていたのですが、「毎年渡す」と決めたほうがよっぽどラクだな、と思えたからです。経済も回るし、幸せな物々交換だと思えば気がラクです。あとは迷っていたヨガのオンラインレッスンも申し込みます。やる前に足踏みばかりして引き返していては何も変わらない。「やる」も「やらない」も自分の意志ですよね。(静岡県 Yさん)

美容院とネイルの予約をした！

「予定が変更になる確率は低い！むしろ先に入れた予定に合わせて動くもの」というお話は、「その通り！」と思って、レッスン終了後に早速、美容院とネイルの予約を取りました！ いつも「追われてる感」がありましたが、気持ちが前向きになりました！(千葉県 Oさん)

先延ばしにしていたパソコンを購入

フリーランスで仕事をしてます。ずっと欲しくて必要で、でも高価でなかなか買えないパソコンがあって。貯金を切り崩すしか方法がなく、色々な事情をいいわけに購入を先延ばしにしていたんです。でも「今決める」の言葉を聞いてから、改めて預金通帳を眺めて……。

「今決めないと、このお金はいずれほかに必要なことに使ってしまうのかもしれない。やりたいことは、いつでもいいわけじゃない」と気づいて。

「えいやっ」と注文しました。これを買ってよかったと思える、そんな仕事環境にしたいと思います。(東京都 Hさん)

「練習あるのみ」という言葉で目がさめた！

美容院や歯医者などで、次の予約を聞かれても「考えておきます」と言って帰ることが多かったです。「予定がどうなるかわからないし……」と。でもそのことが「あとでもう一度考えることにエネルギーを使っている」ことにまったく気づいていませんでした。子どもに関する提出物も「そんな先のことまだわからないし」と思いながら締め切りギリギリに出すこともあったので、これからは「見た瞬間書く」をやっていこうと思います。

今まで「Emiさんだからできるのでは」と思っていたこともありましたが、「スポーツと一緒、練習あるのみ」というお話を聞いて、うらやましがっているだけで何もしていなかった自分に気づけました。(滋賀県 Iさん)

Campus S5 方眼罫 40枚
Camp
S5 方眼罫 5mm 40枚 ノ-104S5-D
KOKUYO
DEC

chapter 2

時間に追われず、時間を追いかけるスケジュール術

わたしのスケジュール管理、3種の神器は
年間カレンダー1枚、カレンダーアプリ、ウィークリー手帳。
「1年間」と「1週間」のふたつのスケールで時間を意識しています。

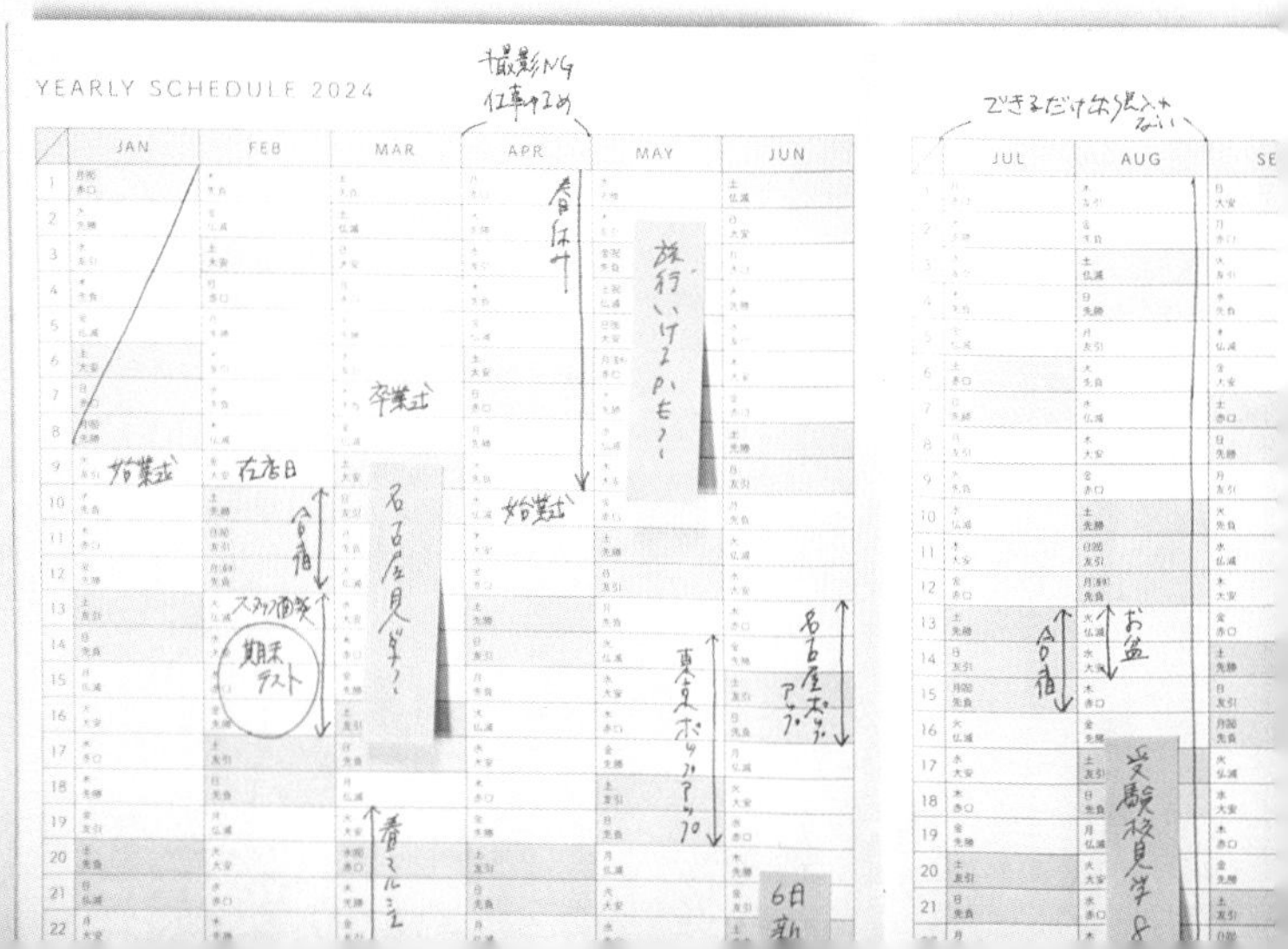

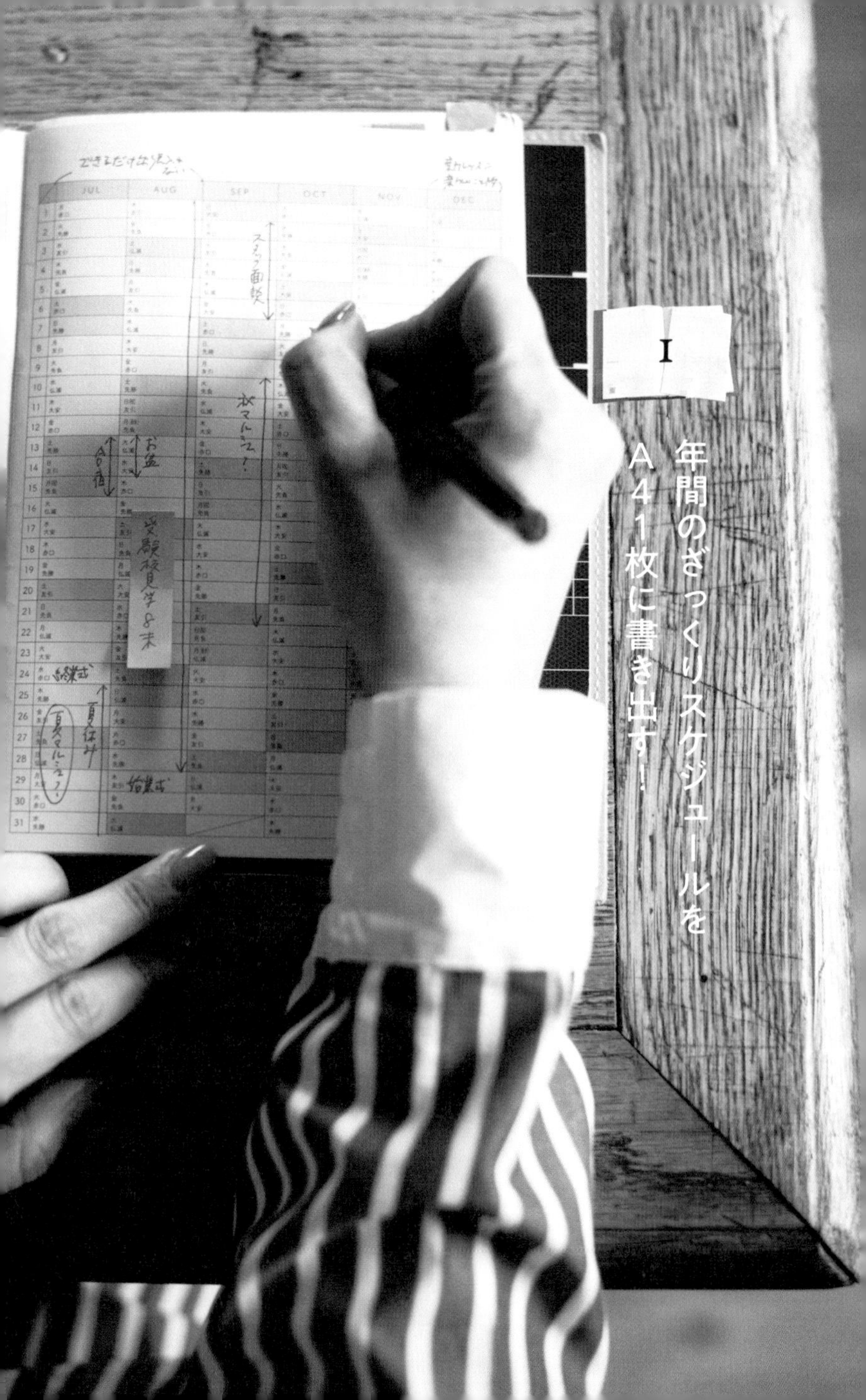

I

年間のざっくりスケジュールを
Ａ４１枚に書き出す！

「1年間のざっくりとしたスケジュールを書き出している方〜？」とレッスンで伺うとほとんど手が挙がりません。みなさん日々のスケジュールは考えるものの〝年間スケジュール〟については考えたことがないという方が多いんです。

わたしは通販カタログ企画をしていた前職での「年間スケジュールを立て、先を見て今を動く」の感覚が染みついていて、今の仕事でも家庭でも同じようにしています。

時間に追われず時間を追いかけていくために、まず**「A4の年間カレンダー」**を準備。紙1枚でひとめ見てわかる！がポイントです。A4サイズの書き込み式カレンダーは、無料でダウンロードできるものがたくさんあります。わたしが企画する「Likeme手帳」をはじめ、スケジュール帳についていることも多いです。

この年間シートに、**鳥の目になって上から自分の1年間を俯瞰してみます**。自分のスケジュールや予定を細かく書くのではなく、大まかなブロックを当てはめていくイメージです。たとえば、旅行の予定や仕事で集中したい期間、子どもの夏休み期間など、消せるボールペンや、貼りかえ可能な付箋を使ってざっくりと立てていきます。

日々のスケジュールに追われると、「いつか旅行に行きたい」と思っていても、気づいたときにはあっという間に予約が埋まってしまい、結局行けなかった……なんてことありますよね。でも、年間スケジュールを事前に立てておけば、「このあたりは忙しいけれど、ここはゆったりだから新しいことにチャレンジしようかな？」などと考えることができるんです。

そのためには子どもの学校行事や家族の予定などを、あらかじめ把握しておくことが大切。学校のホームページには、ほぼ毎年同じようなスケジュールが掲載されているので、双子の中学校入学前も参考にしてざっくりとスケジュールを立てておきました。

ポイントは**仕事も家庭も同じシートにあわせて記入する**こと。

仕事で「6月に東京へ出張に行ける？」と聞かれたとき、すぐに返事ができるかどうかは事前にざっくり家族の予定を把握しているかどうかで大きく変わってきます。つまり**波に乗る準備ができる！**と考えているんです。

このように自分が忙しい時期やゆっくりできるタイミングを把握することで、先の予定を追いかけることができます。人との予定調整もスムーズに行えるようになりますよね。

Emiの場合

年間スケジュールの立てかた

rule ①
A4サイズ

1枚で見渡せるA4サイズを使用。私はOURHOMEオリジナルの「Likeme手帳」の挟み込みシートを愛用。

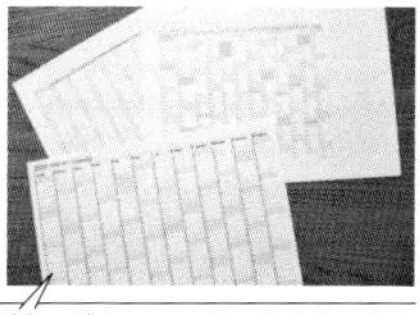

無料でダウンロードできるものも!

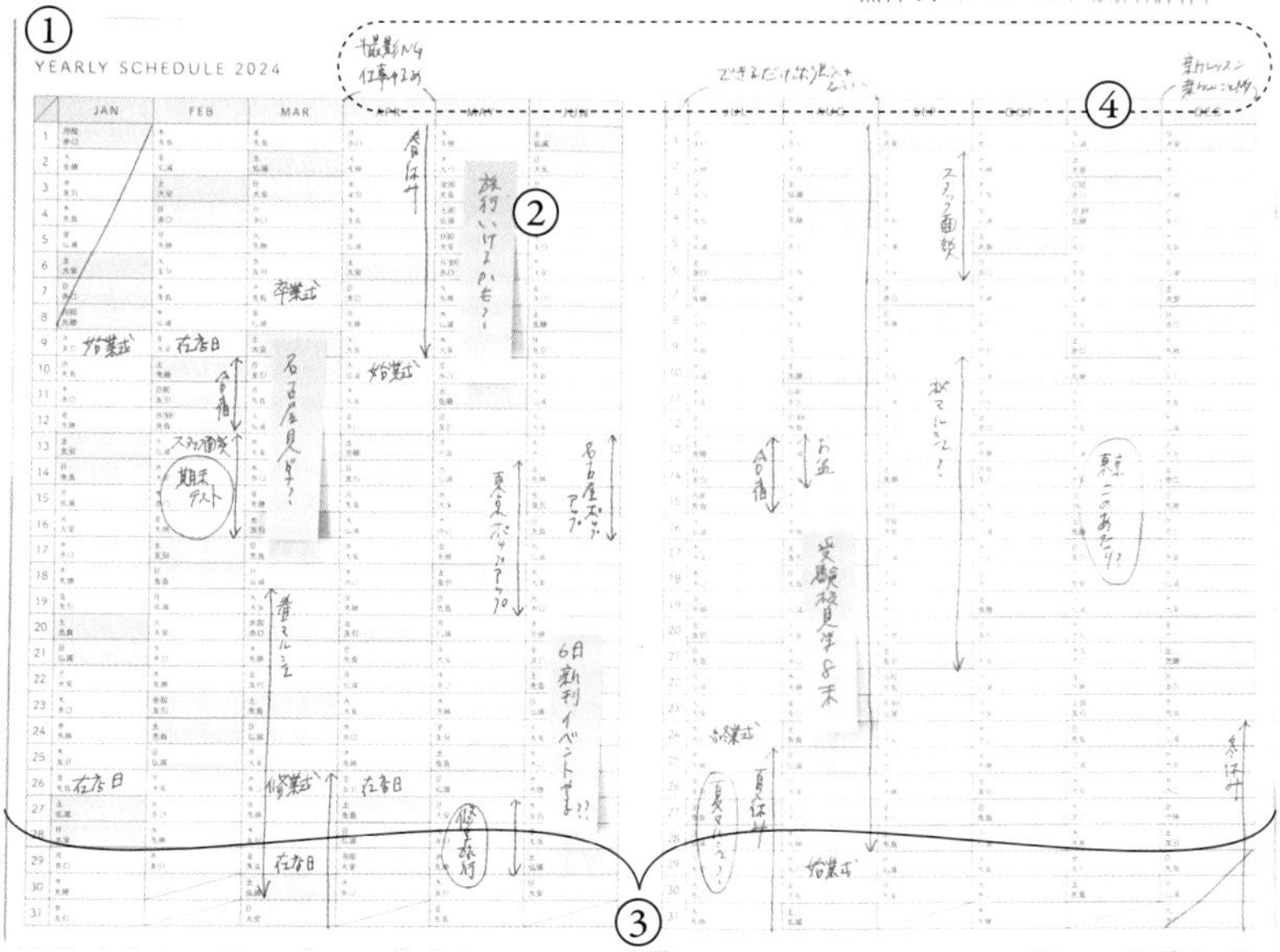

rule ②
旅行の日程をまずおさえる

日程は変わってもOK! 意識として「旅行の予定」は真っ先におさえておきます。付箋を使えば簡単に動かせる。

rule ③
仕事も家庭も1枚に集約

仕事も家庭も予定は一元管理。プライベートを加味しながら仕事の計画を立てたほうがうまく回ります。

rule ④
「やらないこと」もメモ

子どもの長期休みや年度始めの環境が変わるタイミングは、仕事を入れ過ぎないようにメモしておきます。

こんなふうに1年間の予定＆計画を書き出そう！

Type 1
3人子育て中の主婦（主夫）

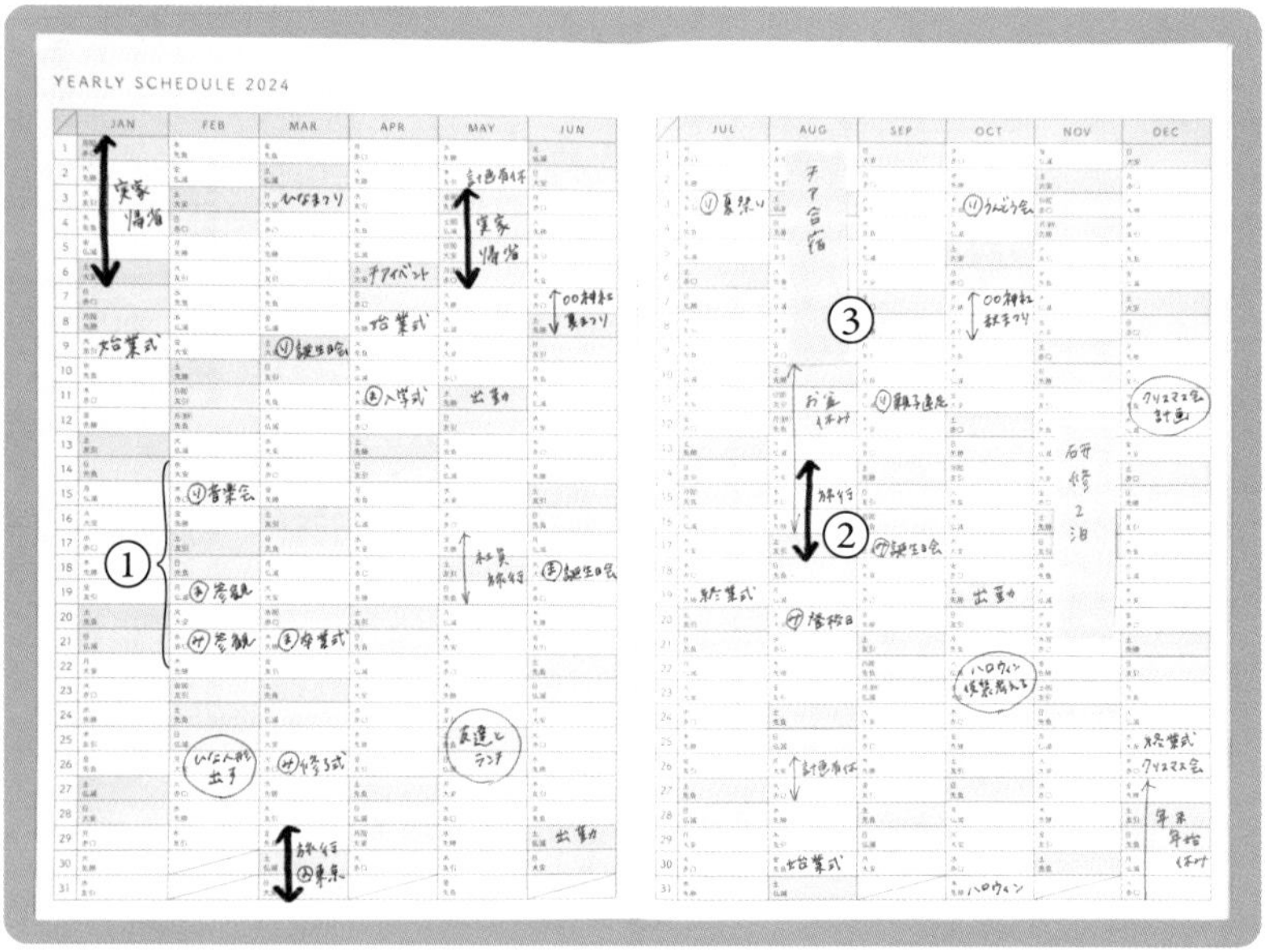

point ①
家族5人の
予定を
書き分け

子どもの名前の頭文字をつけ、夫の予定だけペンの色を変えれば多色を使わなくても書き分けが可能です。

point ②
旅行の
予定を
押さえる

家族と相談しながら旅行や帰省の予定を押さえます。みんなの予定を合わせるのが難しいからこそ、早めにキープ。

point ③
日程が
決まっていない
予定は付箋に

日程がわからない予定は付箋に書けば張り替え可能。日程が出た段階で書き込んだり付箋を動かせばOKです。

Type 2
仕事と「推し活」を楽しむ会社員

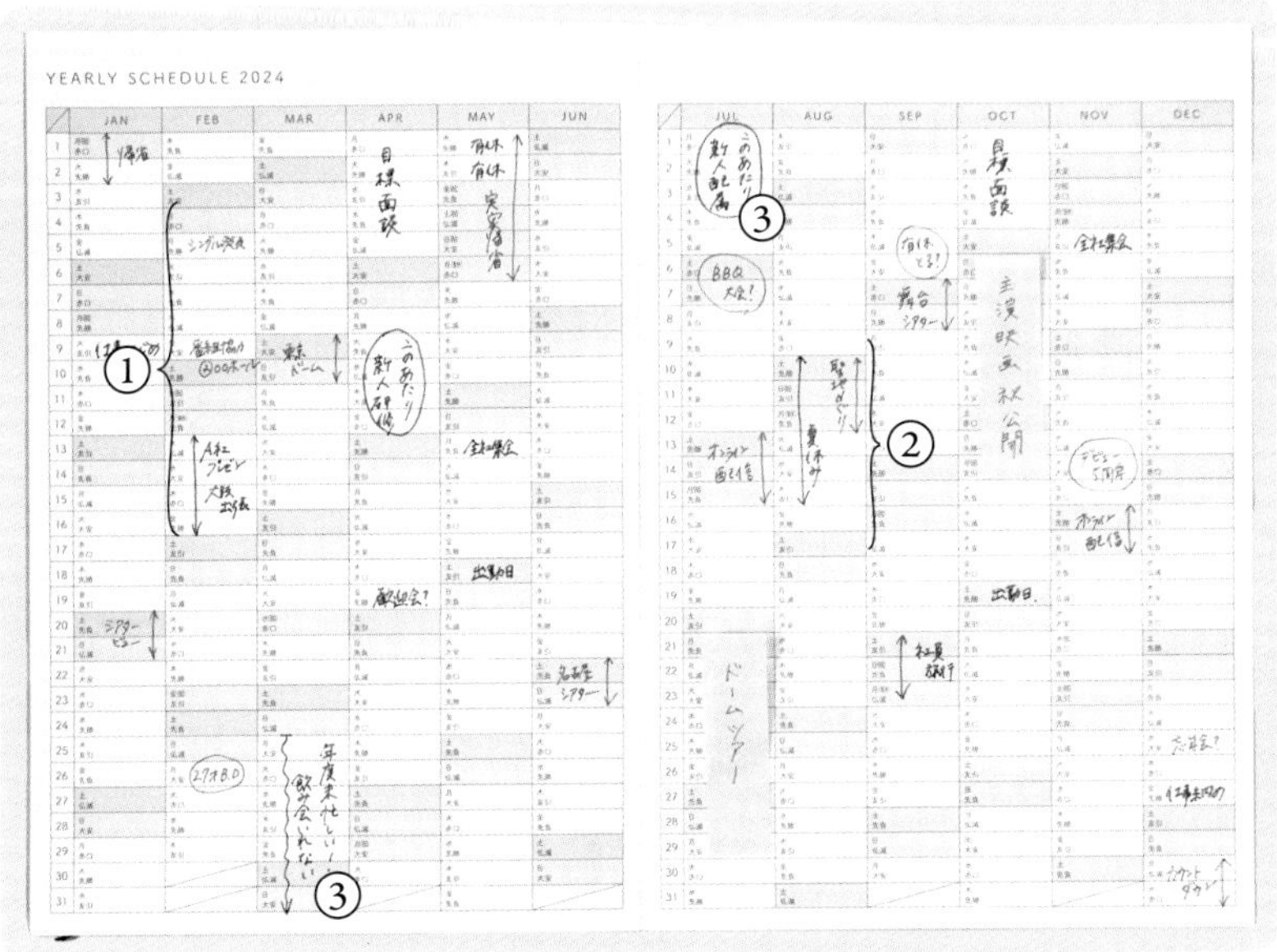

point ①
仕事と「推し活」の予定を一緒に書く

楽しみを可視化すると「ライブに向けて仕事を前倒しで進めよう」と生活にメリハリが。色分けしてわかりやすく。

point ②
長期休みの計画を立てておく

お盆休み・お正月休みなど混み合う時期はすぐ予約が埋まってしまうので、ざっくりでも予定を立てておきます。

point ③
繁忙期や環境が変わる時期をメモ

「年度末は忙しい」「新人配属」など、仕事のペースが変わる時期をメモしておくと予定を立てるときに便利。

2 年始に漢字一文字の目標を立てる

〝年始に漢字一文字の目標を立てる〟。これはわたしが長年続けている習慣です。

育児休暇後、仕事復帰をしたときは「動」、独立してスタッフと共に仕事を始めた頃は「進」など、**長期的視点で1年間を見て、大きな流れを考えるために漢字一文字で目標を立ててきました**。何十個と細かく立てた目標を1年間覚えておくのは難しいですが、ひとつのキーワードなら記憶に残りますよね！

もちろんそのあとにもう少し細かい目標も立てていくのですが、まずは自分が今年どんな方向に進んでいきたいかを大きく考える。

わたしは2022年は「流」にして、Voicyというラジオを始め、人との出会いを大事にしながら、計画を立てるよりも流れに乗って進み、気持ちよくその年を終えることができました。2023年は「然」。自然にありのままに。そして2024年は「風」。もっと自由に風のようにフレキシブルに。こうして筆を進めながら今もさっと思い出せる毎年の漢字一文字です。

& more

漢字一文字を掲げるのは、年始でなくとも、これを読んだ今、決めてもよいと思います！

目標を立てるのはお正月旅行で

毎年日程を固定し、1泊温泉家族旅行に行くと決めています。家族それぞれ温泉につかりながら、その年の大きな目標を考えるように。

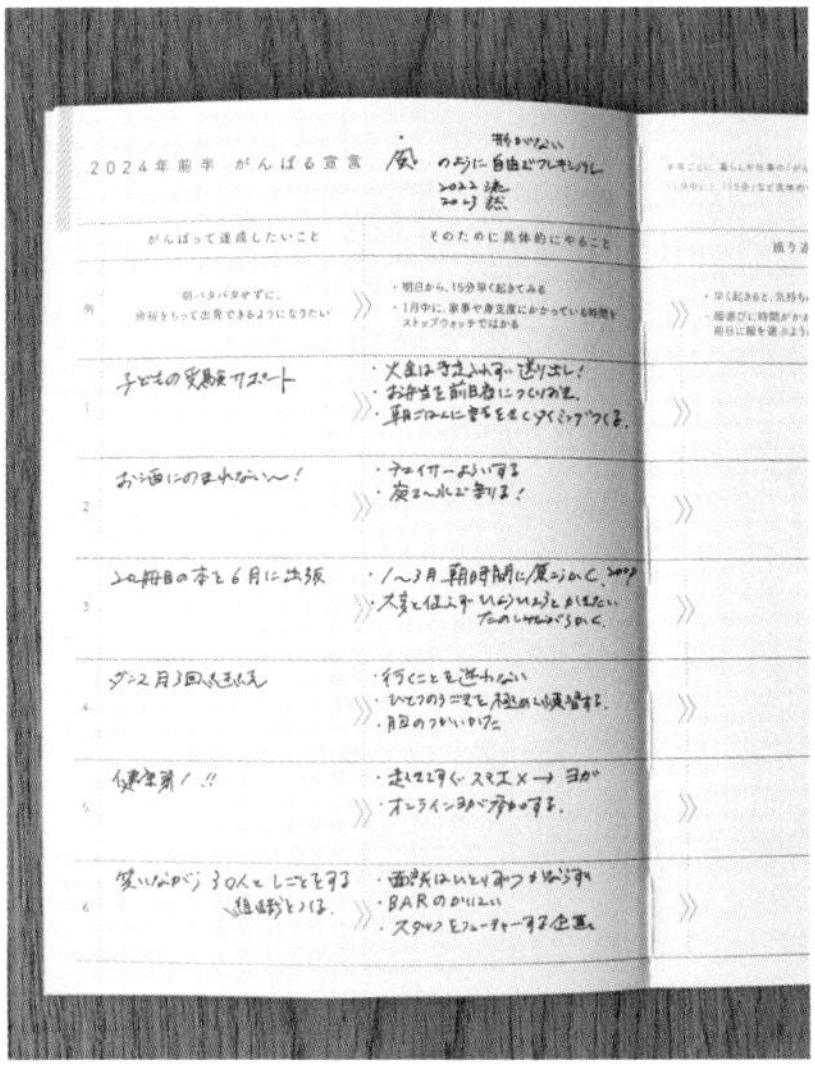

毎年「漢字一文字」を決め、細かい目標も立てる

17年間続けている恒例行事。今年の漢字は「風」。細かい目標も手帳に書き出します。子どもたちもマイノートに書いて発表し合うのが恒例。

3

仕事もプライベートも！「予定」はすべてスマホに覚えてもらう

毎日をごきげんに、時間に追われず過ごすための、ふたつ目のアイテムは**「スマホのスケジュール機能」**。実は予定管理は手帳ではなく、スマホカレンダーを利用しているんです。以前はずっと手帳でスケジュール管理をしていたのですが、約10年前からすべての予定をスマホに集約させるようになりました。

スマホカレンダーの便利なところは、夫やスタッフと**仕事の予定を共有できる**こと。そして子どもの行事や習い事の予定も増えてきたため、スケジュールの把握や変更がカンタンにできること。わたしはiPhoneの「カレンダー」というデフォルトで入っているアプリを使用しています。

全体のスケジュールをざっくり把握したり、個々の日々の予定を確認することもできます。たとえば、子どもの習い事の予定やゴミの日など、繰り返し入力する必要があるものも、**一度入力すれば毎週の予約がなんと自動的に！**　また、家族や友人の誕生日も一度入力すれば毎年繰り返し入力しなくてもすみます。

紙の手帳を使っていた頃の書いて消しての作業がぐんと減りました。

& more
iPhoneでない方はアプリ「TimeTree」もおすすめ。夫婦で違うアプリを使用しても同期できるものもあります。

カレンダーアプリの予定管理5つのメリット

予定は夫婦でシェア

1 スケジュールを共有できる

デジタルは簡単に予定をシェアできるのが大きなメリット。わが家は夫婦で予定を共有しているので、たとえば夜に予定が入りそうなとき、夫のスケジュールを見てその場で約束ができます。

2 パソコンでも使える

iOSの「カレンダー」はどの端末にも同期されるのでスマホでもPCでも見られるのが快適。ほかの主要なカレンダーアプリもPC版のアプリやWebブラウザで閲覧できるものがほとんどです。

好きな時間に通知もできる！

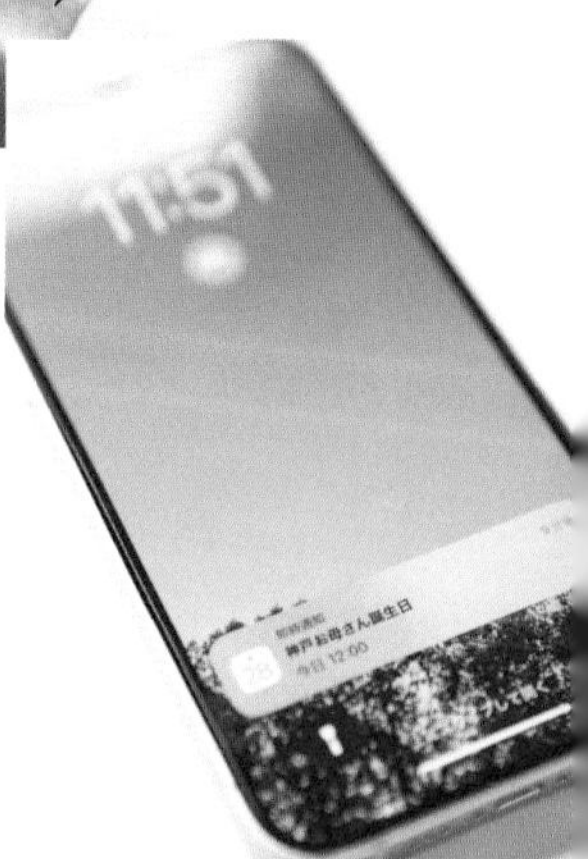

3 繰り返し機能で「予定を忘れられる」

子どもの習い事、ゴミの日、誰かの誕生日など、繰り返す予定は自動入力できるのがとにかくラク！ 「このあたりに雛人形出す」など年中行事の準備も繰り返し予定にしておけば、毎年手書きする必要がありません。さらに「GWは○○道が大渋滞」など教訓をメモしておけば毎年自分にリマインドできます。

4／予定変更がカンタン

スマホなら長押し＆スライドで予定を動かせたり、PCならコピー＆ペーストできたり、予定変更も手書きよりラクです。

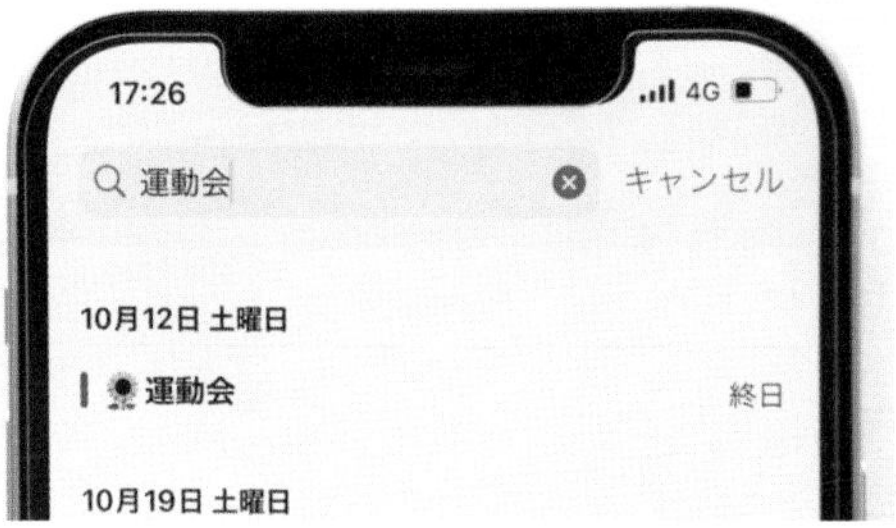

5／予定を検索できる

過去の予定も未来の予定も検索できるのがデジタルのよさ。例えば「今年の運動会っていつだっけ？」「○○さんと打ち合わせしたのいつだっけ？」といったことも瞬時にわかります。

どんなアプリがいい？

iOS「カレンダー」

わたしが使っているのはiOSに標準搭載のアプリ「カレンダー」。ほかのスケジュールアプリも試したことがありますが、Macとの同期のしやすさや使い勝手の面で元々入っているアプリが一番快適でした。

TimeTree

家族で予定をシェアしやすいアプリ。iOSのカレンダーと同期も可能。

Google カレンダー

月間予定がスマホでも一覧できる。Gmailから予定を直接登録できます。

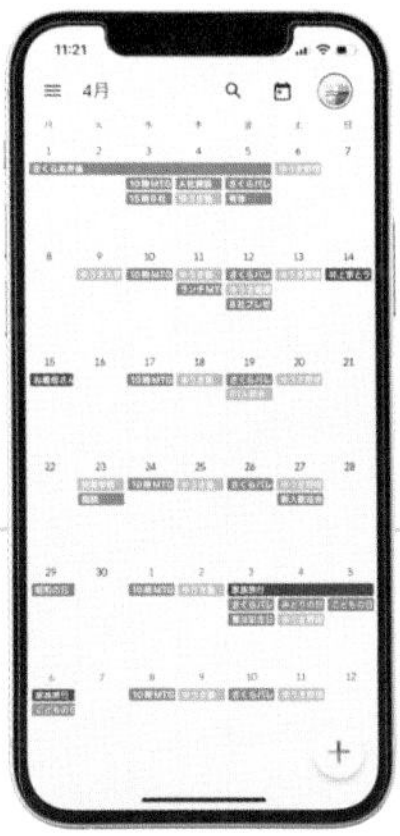

カレンダーアプリの使いこなし術

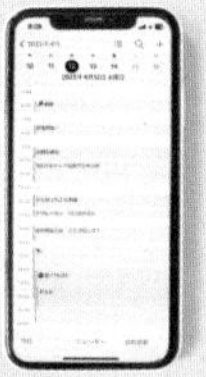

元の機能に加えて、より効率的に使えるよう工夫していることをご紹介！

I／仕事とプライベートで色分け

仕事の予定は緑、子どもや家の予定は水色、夫の予定はオレンジ色にしてパッとわかるように。細かく分けすぎると逆に見づらくなるので、3色を限度に。

2／子どもの予定にはアイコンを入れる

息子の予定にはサッカー、娘の予定にはリンゴのアイコンをつけて。ひと目で「娘の予定が入ってる」とわかります。それぞれのアイコンで検索すれば人別の予定も一覧できます。

3／時間枠はざっくりでOK

入力時に「開始時間」「終了時間」まできっちり選択していると時間がかかるので、タイトルに時間を入れて枠をざっくり押さえるだけに。

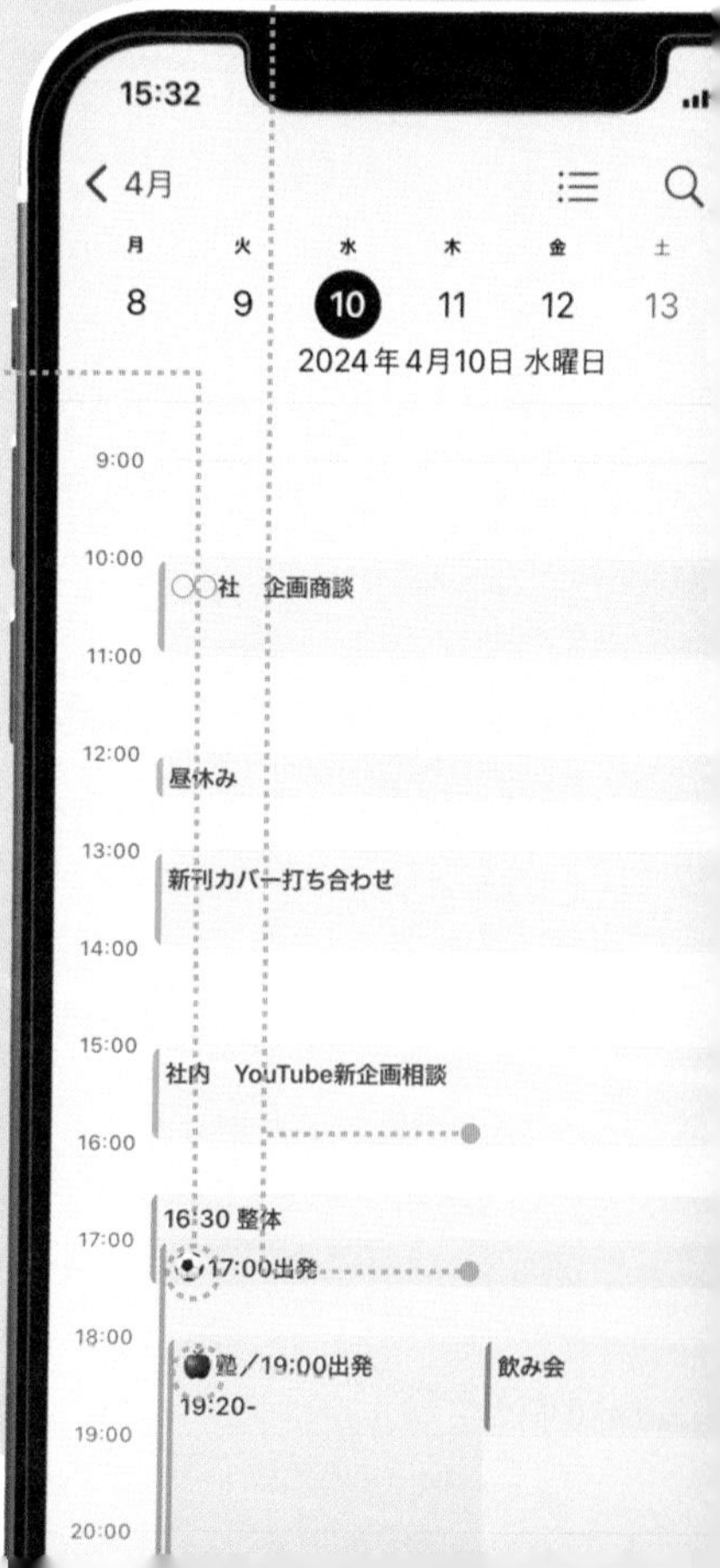

4 スマホ画面の右端にカレンダーアプリを配置

すぐに予定が入力できるように、カレンダーアプリは右端の親指が一番届きやすい高さに配置。開いて「+」マーク(新規予定)を押して3秒で追加!

5 仕事中はPCでカレンダーを開きっぱなし

毎日PCで仕事をするので、仕事中はずっとカレンダーを背面に開いておいて、予定ができたらすぐに入力します。

6 月曜始まりにカスタマイズ

日曜始まりがデフォルトですが、わたしは仕事の関係で月曜始まりが使いやすいので、「設定」→「週の開始曜日」→「月曜日」で、月曜始まりにカスタマイズしています。

7 オンライン会議のURLを自動入力

例えばZoomなら、URLを発行するときに予定を入れるカレンダーが選べ(iCal、Outlook、Googleカレンダー、その他)、自動入力されます。

4

手帳を使って、やることの細分化 終わったら消す！ の爽快感。

時間を追いかけるアイテム、3つ目は「手帳」です。予定はスマホ管理ですが、**日々の細かな「やること＝TO DO」は、すべて手帳に書き出しています**。わたしの仕事や暮らしを支えているのは手帳と言っても過言ではないくらい！　仕事中はデスク上で開きっぱなし、週末家にいる日は、ダイニングテーブルに広げて。やることが浮かんだら書き、終わったらシュッ！　と線を引いて消す。たったこれだけなのですが、やり終えた爽快感が感じられて、自分に自信をくれる方法です。

「やることを書く」と聞くと、仕事であれば〝企画会議の準備〟、プライベートでは〝夕飯の買い出し〟など内容を大きく書かれる方がほとんどです。でもここで大事なのは、**「やることの細分化」がどれだけできるか！**　これが時間を追いかける大事なポイント。

おすすめはバーチカルタイプ（垂直型）の手帳で、1週間を見開きで管理できるものです。手帳を活用することで、自分でやりたいことや、やらなければならないことを追いかけていく感覚を味わえると思います。ぜひ、トライしてみてくださいね。

& more

手帳は数年は保管しておき、前年の同じ月に何をしていたかを振り返ると時間を追いかけることができます。

わたしが使っている
手帳はこれ

やることの書き出しかた

OURHOMEオリジナルの「Likeme手帳」。ウィークリー（前半・後半）とマンスリーの3冊セット。わたしはウィークリーをやることリスト帳として使用。

I／1週間分のタスクを書き出す

日曜の夜に5分間（P54）、スマホカレンダーで1週間の予定を見ながら、今週やることを書き出し。ざっくり曜日ごとに書くけれど、その前後にできればOKとしています（確実な〆切より前に、やることを書くため）。

仕事中はこのページを開きっぱなし

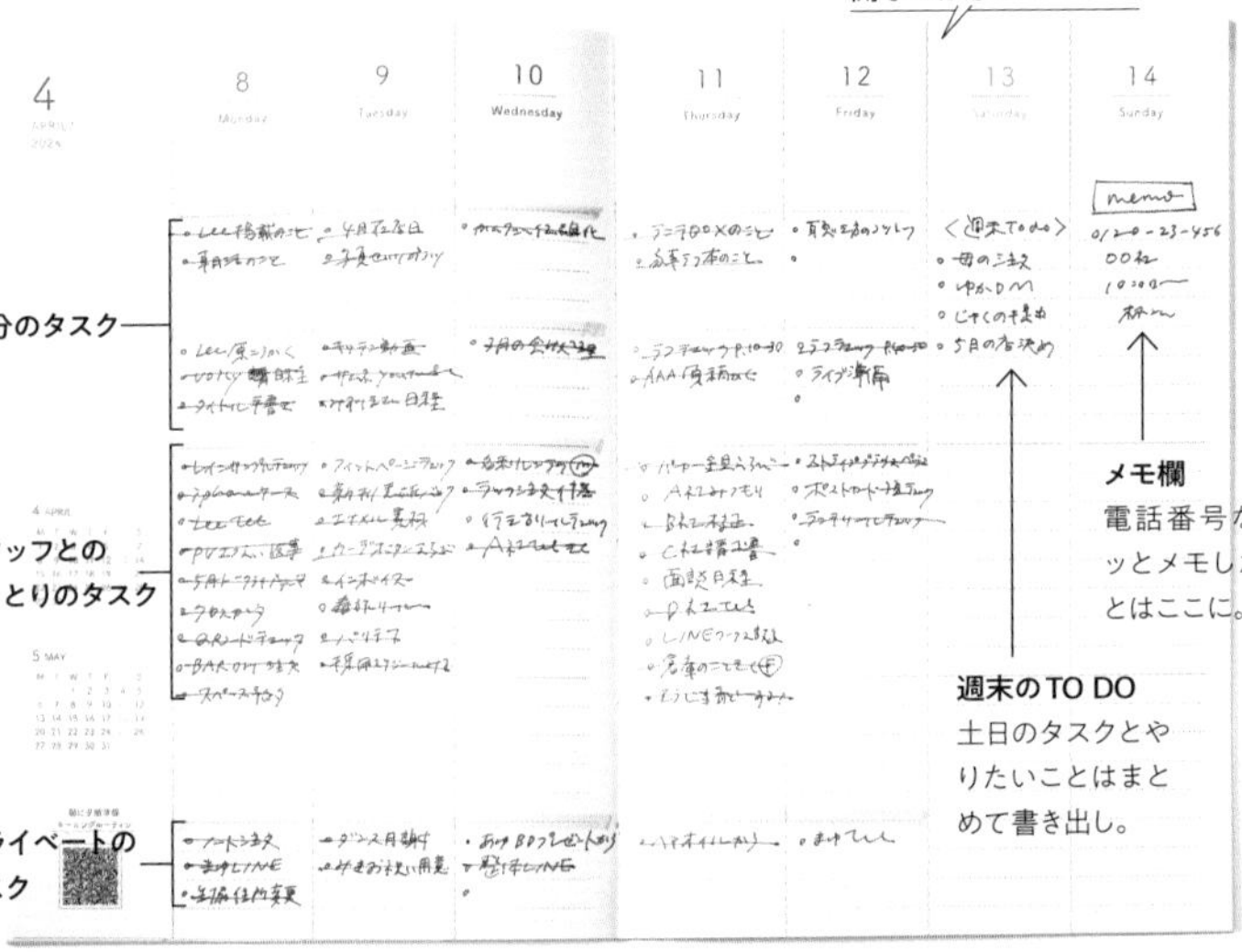

自分のタスク

スタッフとのやりとりのタスク

プライベートのタスク

週末のTO DO
土日のタスクとやりたいことはまとめて書き出し。

メモ欄
電話番号などサッとメモしたいことはここに。

2／タスクが完了したら線を引く

手帳は職場でも家でも開いたまま。タスクが終わるごとに線を引きます。1週間が終わる頃には「今週もこんなにできた！」と達成感が！ 翌年の同じ月の参考メモにもなります。

3 タスクは具体的な行動にまで「細分化する」のがコツ

書いたタスクを行動に移すためには、「細分化をする」のが大きなポイント。具体的に何をするのか、ひとつひとつ分解するとサクサク進みます。

写真整理

- □ 一眼レフカメラのデータをクラウドに移す
- □ 夫にスマホ内の写真を選んでもらう
- □ 選んだ写真を私のスマホに転送してもらう
- □ クラウドの中から印刷したい写真を選ぶ
- □ 写真注文
- □ 届いたらアルバムに入れる

イベント準備

- □ オンライン検索で会場候補を10件リストアップ
- □ 開催時間を仮で決める
- □ 持ちものをリストアップ
- □ 来場者へのミニギフト候補の予算を確認
- □ 情報解禁日を打ち合わせ
- □ 告知用写真素材を3枚探す

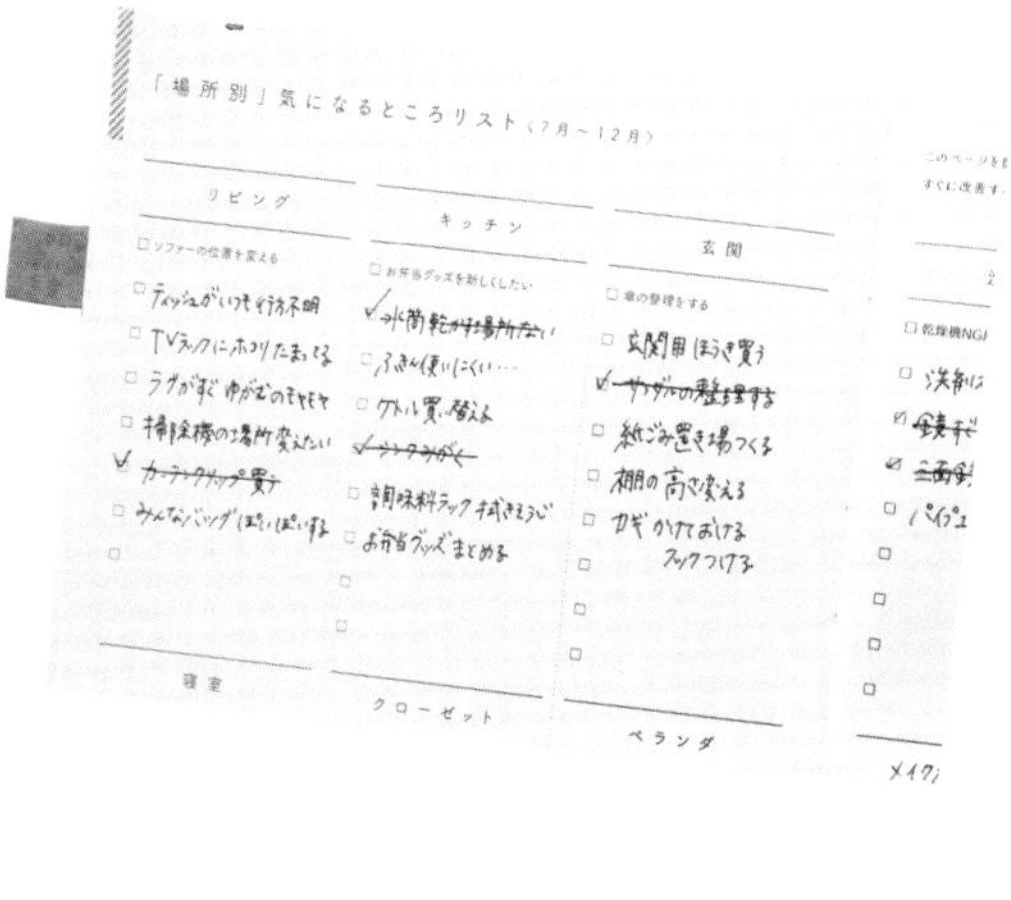

これもおすすめ

場所別のやることリスト

時間があったらやりたい気になることを「家の中の場所別」に書き出します。リビング、洗面所、子ども部屋など、その場所に行ってメモをすると、やりたいこと、買いたいものが思いつきます。

こんなふうに〝やること〟を書き出そう！

Type 1

毎日の献立に悩みがちな主婦（主夫）

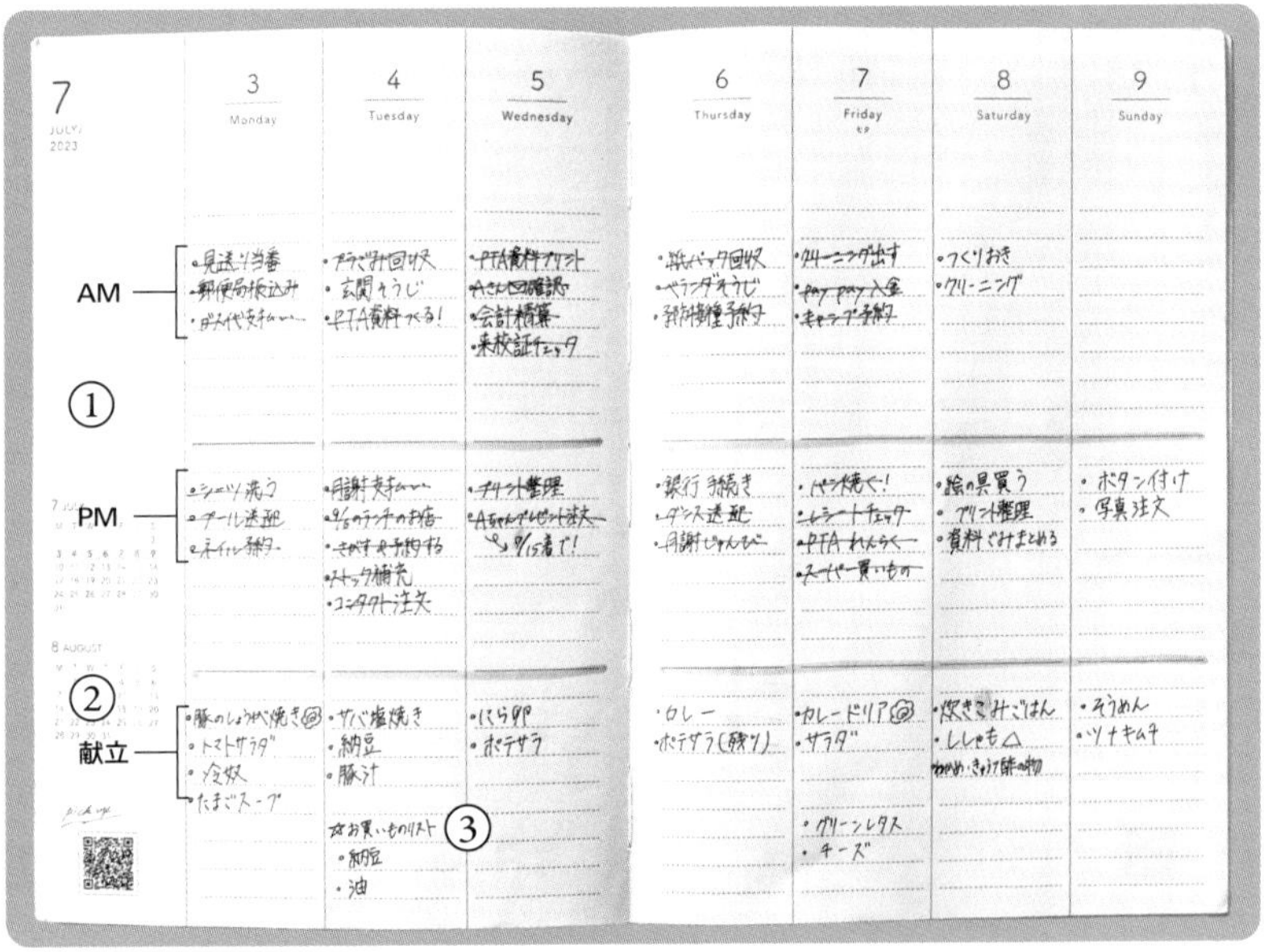

point ①
午前と午後で分ける

ざっくりと午前／午後でやることを分けて書き出します。完璧にできなくても、やることの見える化をして達成感を。

point ②
献立のメモ

過去の献立の記録は、夕飯づくりのモチベーションが下がってきたときに見返すと◎ メインだけの記録でも充分！

point ③
買い物のリストアップ

手帳を常にキッチンカウンターに広げておいて、買うものをメモ。スマホだとSNSが気になってしまうので手帳に。

Type 2
新人スタッフ育成中のマネージャー

point ① 自分のタスクを細かく書く

できるだけ具体的に書き出す。自分の仕事を分解できるようになると、将来的に部下にお願いしやすくなります。

point ② 部下の〝やること〟把握

自分のやることとは別に、部下のやることを把握。完了しているかどうか、面談が必要かどうかなども併せて。

point ③ 数値目標の記録

チームや個人の数字の把握が必要な仕事の場合。毎日のルーティンとして、数字をメモすると意識が変わります。

5

日曜夜5分、スマホで予定を見ながら「今週やること」を書き出し

日曜の夜21時頃。家族でドラマを鑑賞しているとき、テレビを見つつわたしがするのが「手帳を広げて、明日からの週の〝やること〟を書き出すこと」。**時間はたった5分間だけ**、がポイントです。

まずスマホのスケジュールを確認。今週の予定を見ながら、思いついたタスクや準備が必要なことを書き出していきます。たとえば、東京出張の予定が入っていた場合、お土産の購入や荷物の準備、必要な資料の印刷などを書きます。

また、仕事だけではなくプライベートの〝やること〟も同じく。友達とのランチの約束がある場合は、お店の予約やカメラを持って行くなども具体的に書き出します。

子どものこともちろんです。習い事の前日の欄に、月謝袋の用意や提出する書類の確認、病院に行く日は保険証を持って行く、など。

日曜日の夜、たった5分使うだけ。やることを書き出すことで、**翌日のスタートダッシュが大きく変わる**んです。必要な準備や、やることを見逃さずに取り組むことができて、自分で時間を追いかけているな〜という実感が得られます。もちろん月曜の朝一番！　でもＯＫ！

& more
事前に書き出せなかった週は、波に乗れないままその週が終わることも……やっぱり5分の先取りが大事！

挑戦するのは……
的場さん
OURHOMEの新スタッフ。前職時代はスマホにタスクを入力。手帳にやることを書き出すチャレンジを始めて1ヶ月。

仕事のヌケモレをなくしたい！「やることの細分化」をEmiさんがサポート！

Emi（以下**E**）入社して1ヶ月だね！仕事のやること、どうやって管理しているの？

的場（以下**的**）まだ手帳に慣れなくて、ヌケモレもあります……。

E「**ひとつのやることは1行で書く**」のは守ってみよう！それとやることの頭に何でもいいからマークをつけると、ひと目で全体のボリュームがわかるよ。

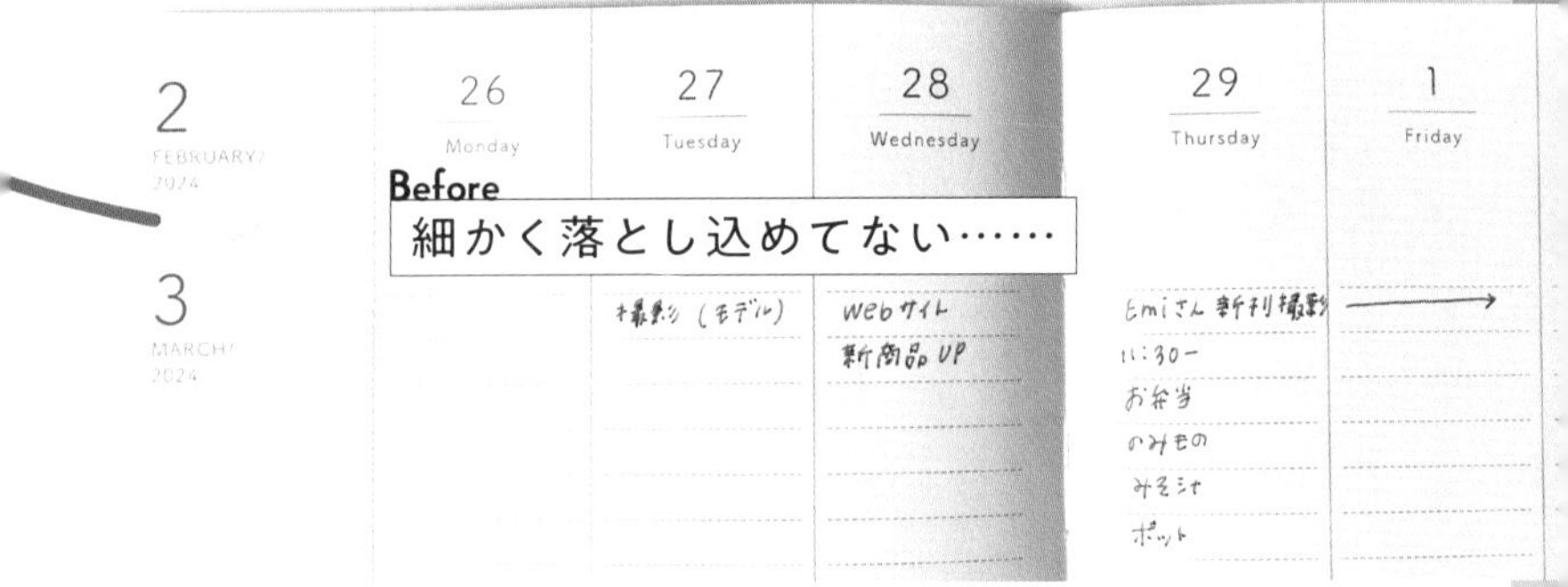

的 なるほど！

E お願いした領収書の件は書いてないみたいだけど、どう管理してる？

的 記憶頼みでした……！

E 私は**自分の頭は信用しちゃダメだと思ってて**。手帳に書いていったん忘れてもいい状態にしないと、新しいことも入ってこないよ〜。

的 そうですね。記憶はあてにならないですよね。

E その場でメモを取るのは「やります」という意思表示にもなるよ。「忘れずやってくれるかな？」と上司に心配させない（笑）。

的 たしかに……！

Emiさんのアドバイス

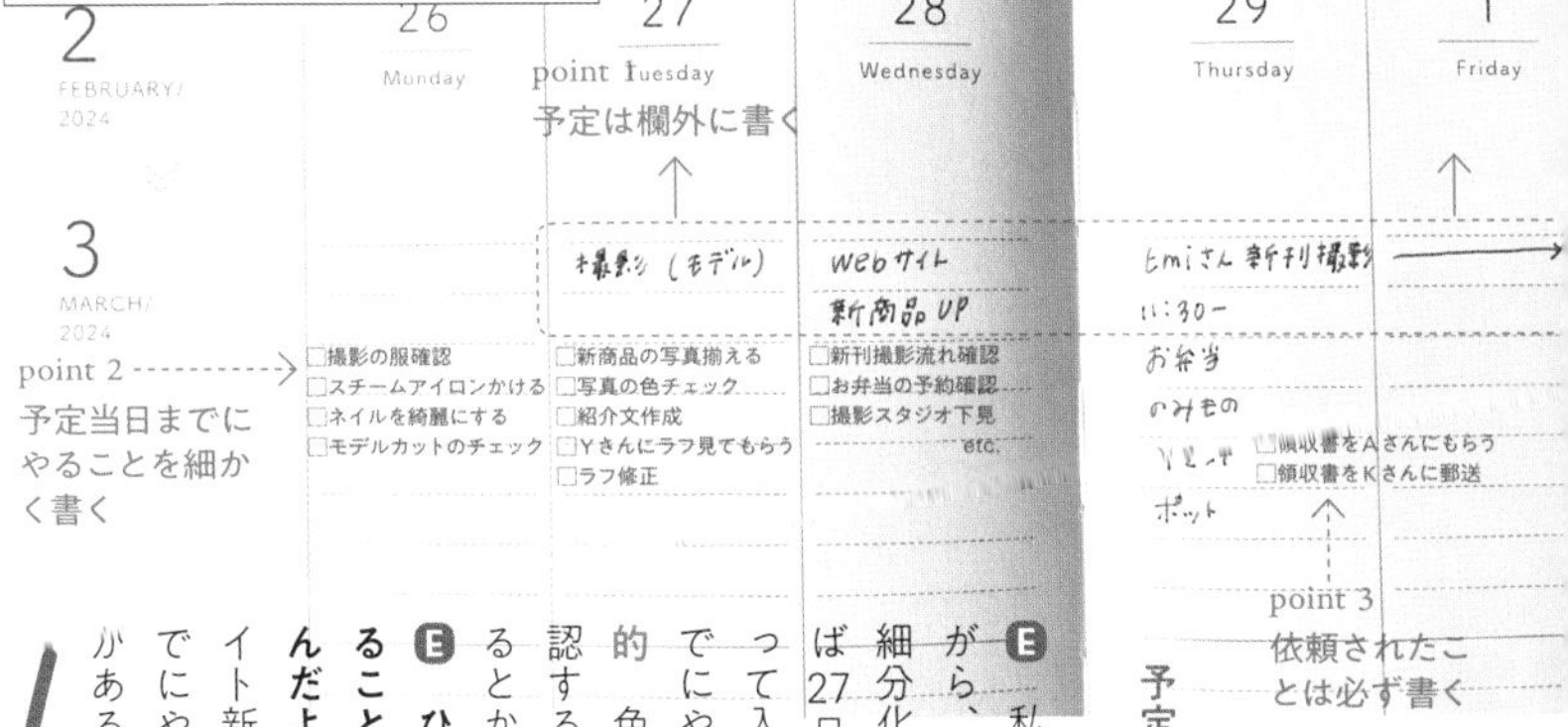

予定を細かく落とし込む

E 私は1週間の予定を見ながら、予定ごとにやることを細分化して書くのね。たとえば27日に〝撮影（モデル）〟って入ってるけど、その日までにやることは何がある？

的 色々ありますね。服を確認するとか、アイロンをかけるとか。

E **ひとつの予定に対するやることとって実はたくさんあるんだよね。**28日の〝Webサイト新商品UP〟も、当日までにやらなきゃいけないことがあるはず！

的 写真を揃えたり、ラフを見てもらってから修正したり。

E そうそう！ **自分の仕事をどれだけ細かく落とし込めるかがすごく大事。**人に任せるときも、すべての工程を伝えられるから、「自分でやったほうが早い！」と抱え込まずに済むよ。

前職ではスマホにメモして消去していたのですが、手帳に書き出して目に見えると達成感が味わえています！

「こんなにやった！」と自信になるし、同じ仕事をするときのマニュアルとして自分を助けてくれるよ！

After
やることが細分化できた！

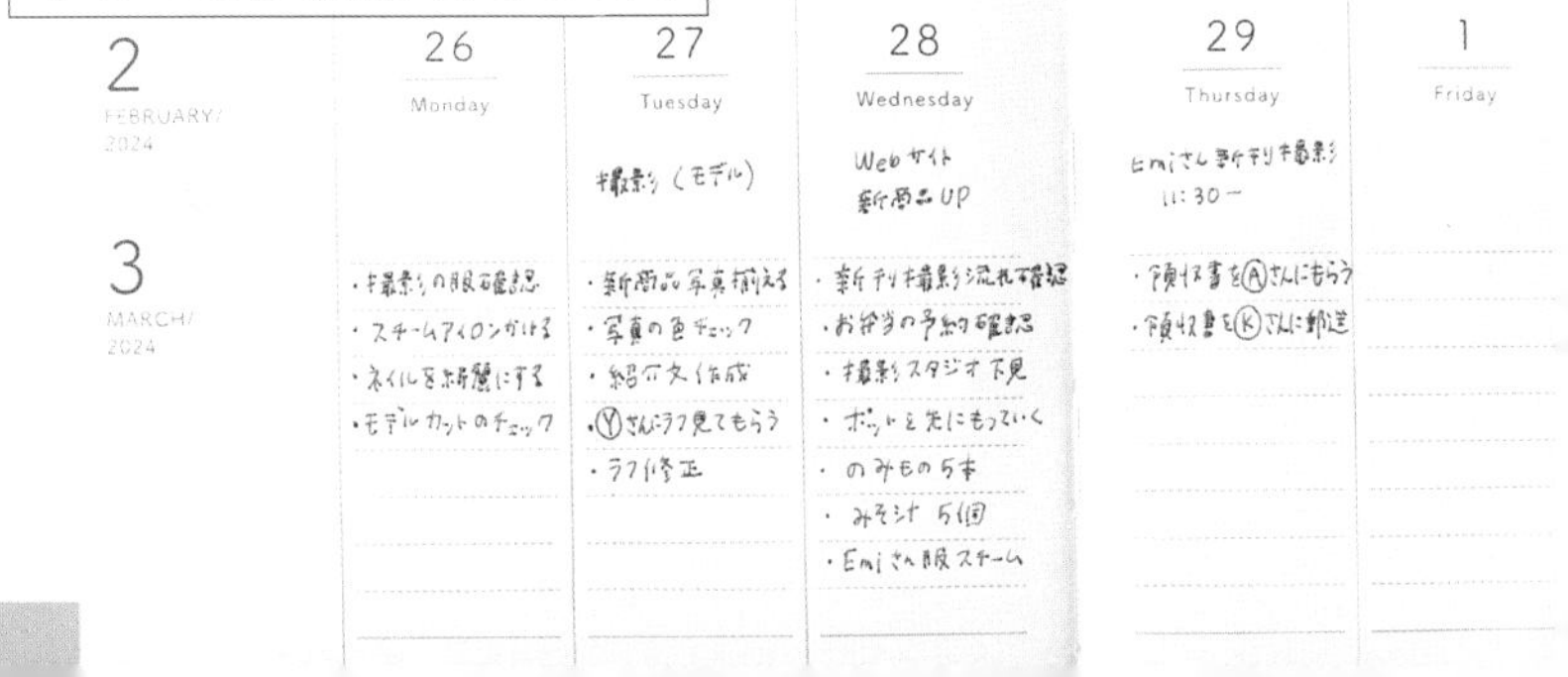

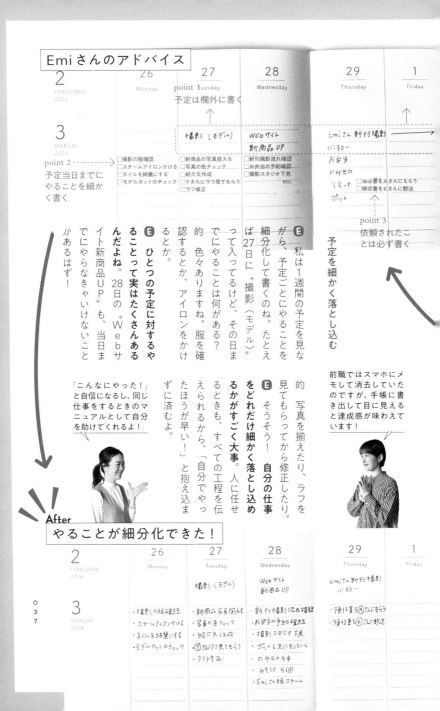

6 気づきの記録は「マイノート」に書いて貯金

毎日持ち歩くA5サイズの手帳カバーを開くと、左側に「Likeme手帳」(P50参照)、そして右側に挟んでいるのが「マイノート」です。

マイノートは、自分の〝心が動いたこと〟を記録するためのノートです。日々のTODOとは違って、誰かと会ったときの気持ち、仕事のアイデア、テレビを観た感想などを残していきます。約20年前から始めて、現在75冊のストックに!

時間を追いかけてごきげんで過ごすために手帳を使いますが、やることの管理だけでは心が疲れてきますよね。日々の中で、自分が大事にしていること、ちょっとした気づき、それを「貯金」するように貯めていくんです。

ノートを用意して、ペンさえあればすぐできます。きれいに書くことを目的にせず、子どものかわいい言い間違いや、仕事で褒められたこと、など心が動いたことを、たくさん書き残していく。

楽しい、うれしいことばかりではなく、悩みや失敗も「心が動いたこと」。せっかく得た経験を書き残してこれからの人生に役立てます。

スマホへの記録ではなく、あえて手書きで、自分の感情とともに走り書きでもいいから残していくように。マイノートがあることで、仕事をしながらでも、家庭にいても、**気づきのアンテナが張り巡らされ、アイデアや考えを積み重ねていくきっかけとなっています**

（著書に『続けるほど、毎日が面白くなる。もっともっとマイノート』大和書房）。

仕事で煮詰まったときはマイノートを見返すと、子どもからの手紙が貼ってあり元気をもらえたり、企画に頭を悩ませるときは、数年前の自分のノートからアイデアをもらうことも。

もちろんマイノートを書けない日があってもOK！　毎日ではなくても続けていくと、日々の小さな気づきが、50代60代に向かう自分にとっての「貯金」となっていることを感じます。何より、貯まっていくノートを見返すと、**自分を大事にしている感覚**になれるんです。

&more
〝心が動く〟の感覚が難しければ、今日うれしかったこと3つ、箇条書きで書いてみよう。

7 うまくいった日も、いかなかった日もマイノートで深掘り

「今日は時間を追いかけてうまくいった〜！」と気持ちよく眠れる日もあれば、「ああ、これができなかったな〜」という日も正直言ってあります。その中で大事にしているのは**「うまくいったことを振り返る習慣」**です。自分の予定や仕事を見返して、マイノートに深掘りするんです。

たとえば、ある取引先において、自分たちが先に積極的に動いたことでうまくいった経験や、反対にお相手に大きく任せたことがうまくいった理由かも！　などを振り返ります。

逆に**「うまくいかなかったこと」もマイノートで振り返り**。とある年の12月に新レッスン開催を予定していました。でも、ただでさえ忙しい年末、さらに冬ならではの感染症にかかり、12月に新しい挑戦を入れることは、会社、わたし、お客様にとってもあまりよいスケジュールではなかったと反省。翌年からは「12月には新レッスン開催をいれないこと」と年間スケジュールにもメモしました。こうすることで、また同じ失敗をしないように、前向きに時間を追いかけられるようになります。

& more
暑い8月の健康診断。服の脱ぎ着もしづらいし、昼間の移動が大変で翌年から健康診断は春秋！とメモ。

8 似た立場でうまくいっている人のスケジュールをマネてみる

時間管理がなかなかうまくいかず、振り返ることも難しい。そんな悩みを抱える方におすすめしたいのは、**同じ職場や似た立場でうまくいっている人たちのスケジュールを参考にしてみる**ことです。

たとえば、同僚のワーキングマザー。3人の子どもがいる中で、どうやって暮らしを回しているのかを聞いてみると、食材の買い物は昼休みにアプリで注文！ など具体的な工夫を知ることができたり。

また、子どもの習い事を上手に選び、時間をうまく使わせてあげているなと感じるご近所のママ。聞いてみると、いくつかの習い事は自宅でオンラインでしていると！ 同じ状況の中でどう工夫しているのか、その方法を知ることで、自分のスケジュールに取り入れやすいアイデアが見つかるはずです。

まわりの同僚や友人で参考にしたい人を見つけるのが難しければ、SNSなどで見つけるのもOK！ Instagramの投稿は一部を切り取った世界になりがちなので、ブログや音声メディア（Voicyやstand.fm）のほうが、よりその方の具体的なライフスタイルを知ることができる印象です。

もちろん、すべてをマネすることは難しいかもしれません。でも、うまくいっている方たちのスケジュールや工夫をちょっとずつ参考にしてみることで、自分の生活に合った改善案が見つかるはずです。そして、やってみた結果が合わなかったとしても、それは自分にとっての学び。何が合わないのかを知り、**自分のライフスタイルに合った時間管理の方法を見つけるヒントになります**。

まさに今読んでくださっているわたしの書籍も。この中からまずは3つ。具体的にやってみることをリストアップ！　頭で考えるだけでなく、まずは**実際にマネてみることが大切**！　新しい一歩を踏み出そう～！

& more
誰に聞いてみようかな？　スマホの連絡先を見てこの人だ！と思ったら連絡してみよう！

9 ものごとがスムーズにいく段取り術

たとえば旅行や引越しも、仕事も、うまくいくかどうかは、事前にスケジュールを引いて、いかに段取りできるかにかかっているなと感じています。

ちなみに「段取り」とは物事を行う順序や手順。どんなことも、事前の準備・手順が仕事の質の8割を占めるのではないでしょうか。**段取り力は、「先を読む力」があるかどうかで大きく変わってきます**。

今中学生になるわが家の双子が保育園に通っていた頃、大事な仕事の出張が決まっていた前日に娘が発熱したことがありました。働いているとよくあることですよね。そこで、自宅から1時間の距離に住む夫の父母に助けてもらうことに。娘が心配だし、仕事も焦る。父母にも申し訳ない。でもこういうときは、切り替えて、「段取り命！」です。

まず、紙に線を引いて、縦軸に「時間」、横軸に「夫、わたし、息子（保育園）、娘（病院）の予定」。何時に帰宅して、いつ病院に連れて行ってもらって、持ち物は何か。もし双子の息子に風邪がうつった場合、病院はいつ空いているのか、など。先読みをしてスケジューリング（P67参照）。

仕事はもちろんですが、子育ても段取りが大切。こうやって、段取りを分解して書き込めるようになると、この部分は夫に、この部分は母に、大きくなれば、子ども自身にここをお願いしようと、誰に何をお願いするかもわかりやすくなります。

仕事でも、経営者としてマネージメントしていく中で、大きなスケジュールを引き、誰に何をお願いするかを段取りできるようになってきました。

誰に何をお願いするかはまだ見えなくても、自分の仕事を先読みして、段取りする。**頭の中だけで考えずに、一度書いてみる。それを残しておく**。そうすると、次回同じようなことが起こったときにすごく使えるメモになります。

＆more 段取り八分、仕事二分という格言も。事前に準備（段取り）をしておくことで、仕事の8割は完了したという意味。

仕事、家庭、育児
どんなことも同じ！

ダンドリの3ステップ

なんのために「これ」をやるの？

1 目的を考える

そもそもの目的を見失うと途中で迷走しがちです。最初に「ゴール」を定めておくと「やらないこと」もハッキリし、メンバー全員で同じ方向に進めます。

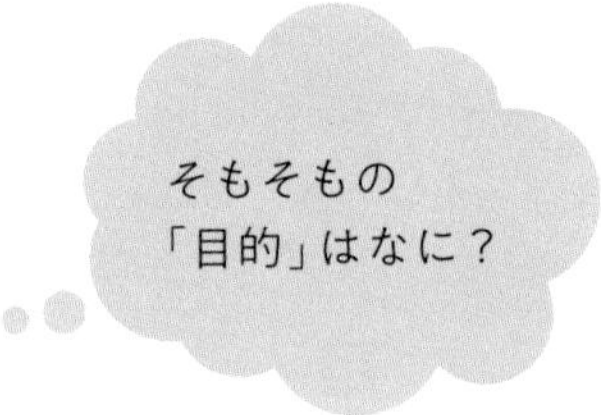

2 スケジュールを逆算しやることを書き出す

まずは当日までに残された時間を把握。次にスケジュールを逆算して、「いつまでに」「何をするか」というふうに、必要なタスクをすべて書き出します。

3 「誰がやる？」を割り振る

2でリストアップしたタスクを誰にお願いするかを考えます。まずはメンバーそれぞれの「得意なこと」を見極め、それに合うタスクを割り振るのがスムーズ。

たとえばこんなイベント

	sample 1 ホームパーティーのダンドリ	sample 2 イベント振り返り報告会のダンドリ
目的	友達家族と久しぶりに会うことを楽しむ	社内で開催の振り返りと、次回に向けたTO DOの落とし込み
残り時間	あと5日	あと1週間
わりふり	5日前 ・友達に副菜の持参をお願いする→わたし ・飲み物をネット注文→夫 前日 ・メイン料理の仕込み→わたし 当日 ・メイン料理を焼く→わたし ・リビングの掃除→わたし ・水回りの掃除→夫 ・玄関掃除→子ども	1週間前 ・会議室の予約→Aさん ・上司に資料内容確認→わたし 3日前 ・内容修正＆最終確認→わたし 前日 ・資料を人数分印刷→Aさん 当日 ・会議室の設営→A、Bさん ・議事録作成→Cさん ・次回プラン作成→わたし

Emi's episode

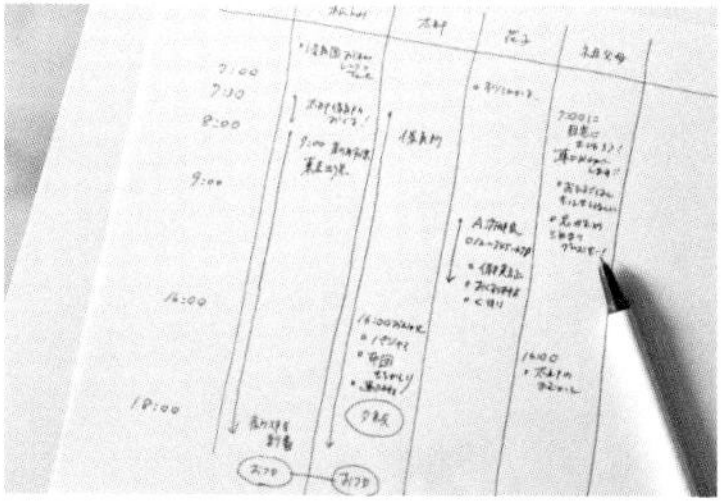

子どもが発熱！両親に預けるダンドリ

双子が3歳、夫は海外出張でワンオペ。どうしても抜けられない仕事の際の子どもの発熱。両親に預かってもらう際、誰に何をどこまでお願いするかを、見える化。自分も整理できるし、両親もわかりやすく安心でした。

10 時間の足りなさは「モノ選び」で解決できる

家事も仕事も「自分さえ我慢すれば、自分がやればなんとか終わる」では、あっという間に時間は経ってしまいます。やりたいことにもっと時間を使うために、モノ選びや仕組みで解決できることがたくさんあります。

「人を責めずに、仕組みを変えていく」。たとえば、夫がゴミをなかなか分別してくれないのは、夫の性格がダメなのではなく、そしてそれを上手に促せなかった妻が悪いのではなく、ただ「仕組み」が悪かっただけ。

つまり、「ゴミが捨てたくなる、わかりやすいゴミ箱」をつくろう、仕組みを変えていこう、と考えるのです。

時間がなくて、焦るとき、つい人を責めたくなるけれど、それでは喧嘩しか生まれません。また自分を責めるのも同じく。**時間がうまく使えない自分を責めることに時間を使わずに、どうやったら解決できるか？　に、時間をかけよう！**

たとえば、

- 四角いラグや四角い椅子。ちょっとしたことですが、掃除のたびにズレを直して元の位置に整えるのって大変。でも「丸いラグ」「丸椅子」を選んでおけば、誰がどう動かしてもずっと丸！　つまり、掃除のたびに気にすることがひとつ減る。
- 食洗機に食器が入りきらなくて毎日手洗いのお皿が増えて家事時間が増える、のであれば、食洗機に入れやすい薄いタイプの食器を最初から使う。

ひとつひとつはとても小さなことだけれど、積み重なれば大きな時間になります。

モノ選びや仕組みの見直しは、ささいなことかもしれませんが、日々暮らしの時間を追いかけていくためにはとても大切なこと。時間が足りないと感じたときは、一度自分の身のまわりのモノや仕組みを見直してみるといいかもしれませんね。

&more
アイロンをかける時間がなければアイロンいらずのシワにならない服だけを選ぶ！　なども◎

時間の悩みを解決してくれる モノと仕組み 11選

仕事編

1 文房具はキャップレスで時短に

ノック式の文房具はワンタッチで使えて、キャップをなくす心配もゼロ。毎日使うものだからこそ少しの積み重ねが大きいと感じます。

2 便利なツール・アプリに頼る

ChatGPT
議事録や読みにくいメールをわかりやすく整えてもらいます。

EXアプリ
新幹線（東海道・山陽・九州）のチケット予約・変更ができるアプリ。乗車4分前でも変更ができる！

Google スプレッドシート
同時編集ができるので、社内で送り合うメールが格段に減り、時間削減に。

3 芯なしのステープラー

無印良品の「針を使わないステープラー」。針のゴミが出ないだけではなく、替え針を「追加で買わなくてもいい」ところが魅力。

「コレ」がいい！

4 透明ならひと目で中身がわかる！

「透明」は究極の時短！ 入れたモノを忘れることもなく、「あれどこいった？」の時間を減らせます。OURHOMEでは共有のクリアバッグをたくさん用意して社内の移動に大活躍。書類の管理もすべてクリアファイルです。

5 一石四鳥のUSB

SUNTRSIのマルチカードリーダー。ポートが4つあり、SDカードリーダーやUSBをタイプ別にそれぞれ持たなくていい。

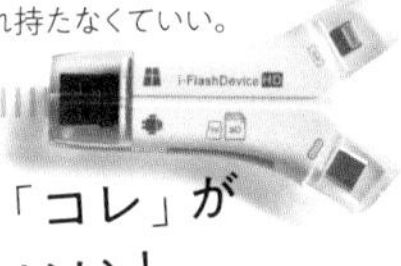

「コレ」がいい！

6 ふたつ以上あるものは色で分ける

社内の共有スマホは、リボンで色分けし「"緑"使いますね」「"黄色"貸して！」など誰でもわかりやすいように。カメラもマスキングテープを貼って色で管理。

家庭編

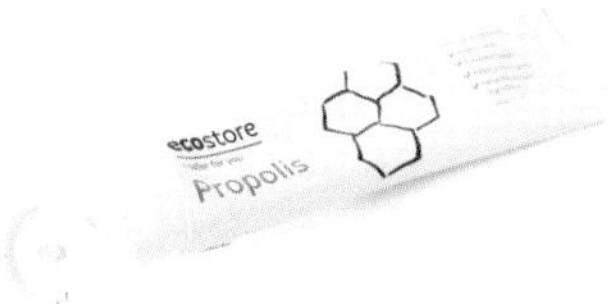

7 キャップが本体から離れないものを選ぶ

化粧品や歯磨き粉も、キャップが外れないタイプを選びます。転がらない、落ちない、なくさない、といいことづくめ。

8 なんでもポンプ式がラク！

毎日使うモノのフタの開け閉めって意外と時間がかかります。ポンプ式なら片手でサッとできるし、使う頻度もより上がります。

9 詰めるだけでおいしそうに見えるお弁当箱

仕切りがあるお弁当箱は「ここに何を入れよう？」と考える時間と手間がかかるけれど、曲げわっぱならご飯におかずを乗せる”のっけ弁”でも見栄えがよく。

10 野菜や肉を一気に蒸せるセイロは実は時短アイテム

丁寧な暮らしのように見えますが、セイロは野菜や肉、なんでも10分蒸すだけでおいしいし、そのまま器にもなって洗い物が減る、効率家事グッズ！

11 ネコのごはんはオートで

スマホアプリで操作するだけで、毎日の猫のごはんが、決まった時間に、必要な量だけ自動で出せる給餌器（PETKIT）。量の調整もスマホひとつでOK。帰宅が遅いときなども焦って帰ることなく、安心して出かけられるようになりました。

11 健康第一！時間管理のひとつは健康管理。

時間管理においていちばん大事なのは、じつは健康管理かもしれない!? 自営業で、代わりのきかない仕事だからよけいに、という気持ちもありますが、会社員でも専業主婦でもどんな立場の方も、健康でなければその日の「やりたいこと、やるべきこと」をするのは難しく、熱が出てしまったらすべての計画を変更しなければなりません。

わたしは、**大きなイベントなどの仕事の予定が決まったときは、1週間ほどは外食したりする予定をできるだけ避ける**ようにしています。これはリスクを減らすため。特に感染症が流行る時期には、人混みには行かないように。いただいたお仕事で最大限のパフォーマンスを出すために、「自分にできることはする」を心がけています。健康診断も毎年行き、自分の健康状態を知ることも大事にしています。

とはいえ、もちろん避けられない病気もあります。先日、息子がインフルエンザにかかりました。それがわかった瞬間に、看病しつつ、わたしや家族へ感染が拡大しないように室内を準備。でも、感染した場合のことを考え、自分の仕事で**締め切りが少し先のものも、前倒しで進めておきました**。結果的には家族全員感染してしまったのですが……先まわりの仕事貯金のおかげで、なんとか締め切りには間に合い、ホッとしました。

それでもいくつか予定を変更していただいたお仕事もあり、健康があってこそ、バッチリな状態で仕事に臨むことができるのだと痛感した出来事です。

& more 「健康手帳」として、毎日の食事と起床時間、体重などを手帳のマンスリーページに記録しています。

12

子どものスケジュールは子どもが立てる

わが家の双子は現在中学3年生、いわゆる受験生！　中学生は年に何度もテストがあるのですが、娘は「Likeme手帳」（P50参照）、息子は1ヶ月カレンダーを使ってそれぞれ自分なりの予定を立てています。

娘はわたしが手帳を使っている姿を見て、手帳を広げて自分のTO DOリストを書いては、終わったら消すという習慣を自然と行うようになりました。机で勉強する娘の手帳をのぞくと、毎日ではないものの、ドリル問題を解くのにどのくらいかかったか、など所要時間を書き込んでいるようです！　聞くと、勉強が得意な友達に教えてもらった方法だそう。こうすることで、次のテスト期間にどれくらいの時間を準備しておくとよいかの日安がわかる！　と。親のほうが勉強になります。

わたしは、勉強の内容はもちろん大事だけれど、それよりも**「勉強のしかたやスケジュ**

ールの立てかた」のほうが、将来に役立つ大事な力ではないかと考えているんです。

小学校低学年の頃に、夏休みの宿題（種類が多い、長期スケジュール）をどんなふうに日々の予定に落とし込み、見える化して進めていくか、を子どもと一緒にやってきたことが今につながっているように思います。

大事なのは、大きな方向は子どもに伝えるけれど、細かい口出しはしないこと。「1日に宿題のドリルを5ページする！」と子どもが決めたなら、無理だと思っても見守る。そうすると、1日でこれは終わらないと自分で気づく↓修正する、を繰り返して学んだように思います。

昨年は、母娘で韓国旅行に行きました。その旅のスケジュールは娘が行程を組み、移動時間も考えてスケジューリング。失敗してもそのときはそのときで楽しもう、と思っていたのですが、予想を超えた完璧なスケジューリングに感動しました。

「自分で自分のスケジュールを立てる力をつけること」。これさえできていれば、きっとごきげんに人生を過ごせる。そう思っています。

&more
子どもを信じて任せる。難しいように思うけれど、実はとってもシンプル。にわとりが先か卵が先か、です！

子どもたちが中3の「今」をありのままレポート

子どもと一緒にスケジュール管理

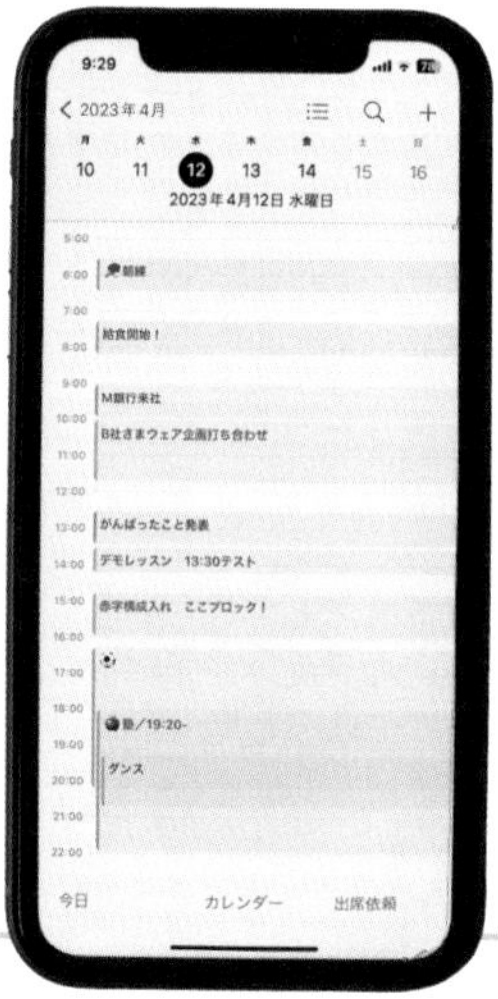

普段のスケジュール共有

週に1回予定をシェア

塾、朝練、夕練、部活の試合、それに加えてお弁当のあるなしなどスケジュールが日々変わります。先々のことより「まず1週間だけ把握！」。月曜の朝に家族で今週の予定をシェア。

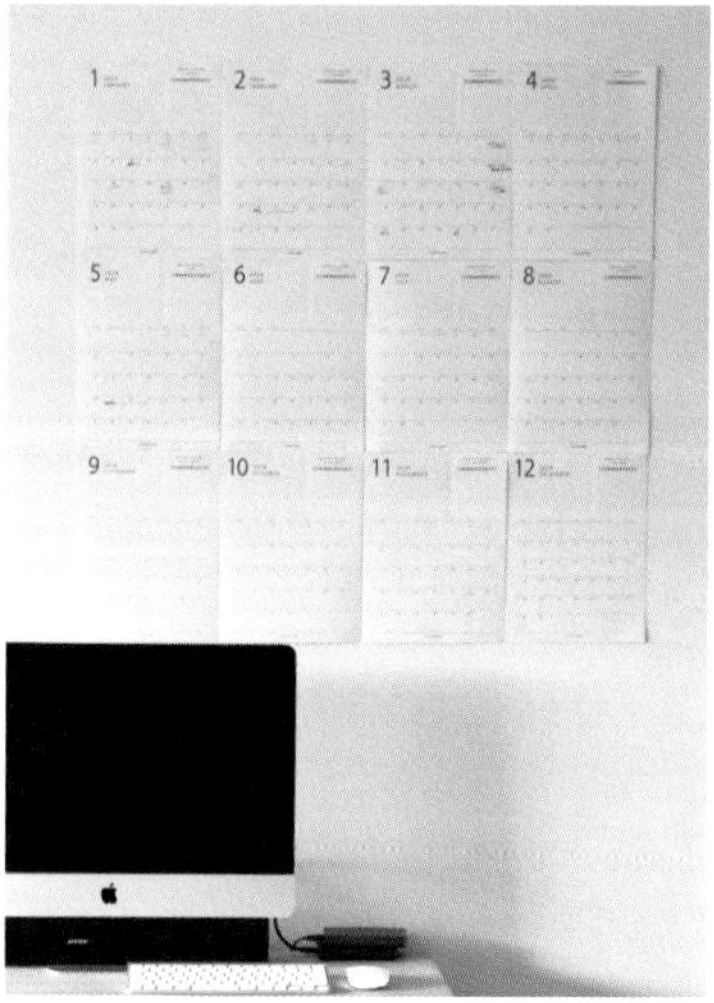

受験のスケジュール

まずは12ヶ月のカレンダーを貼ってみました

受験生の双子。受験まであとどのくらいあるのか可視化できるように、月のカレンダーを壁に貼り出して、家族で意識できるようにしてみました。

かぞくのおもいで記録カレンダー／OURHOME

長期休みの計画の立てかた

1/ 30分の家族会議

夏休みなどの長期休みに入る前は、必ず家族会議！ 塾や部活の予定表を持ち寄って、スマホやカレンダーにそれぞれ入力。私も出張の予定を伝えたりします。

2/ 楽しみを準備する

長期休みの宿題はいつまでに？ など「やること」のスケジュールばかりだと楽しくないので、旅行や遊びの予定も立てて、カレンダーに入力。この日までにがんばろう！ と楽しみを準備。

3/ 週1回の予定シェアは続ける

長期休みの予定を立てても、週初めの予定シェアは続けます。お昼ごはんがいるかどうか、塾の予定は、など子どもたちが親に伝えるスタイル。

Emiさんがリアルアドバイス！

時間のお悩み相談 I
家族の時間もマネジメントする

「毎日をうまく回せていない」とお悩みの
3名の方にEmiさんがヒアリング＆
実際にアドバイス！
それぞれ1ヶ月後の暮らしと
気持ちの変化も伺ってきました。

ゆきさんの時間割

6:10	起床
7:40〜8:00	子どもたち登校
8:30	在宅勤務スタート
15:45	次女帰宅
17:00	勤務終了
17:15	長男帰宅
18:00	長女帰宅
18:30	夕食（長女は塾へ）
19:30	入浴
24:00	就寝

お悩み

□家族のスケジュール管理が大変
□毎日の夕食づくりがしんどい
□子どもに頼りすぎ？ と気になる

相談したのは……
ゆきさん
中3・小6・小3のママ。国内外出張ありのフルタイム在宅勤務。8人の部下をまとめる。

家族の予定を共有する

E* ゆきさんは普段どんなふうに過ごされていますか？

ゆ* 毎日本当に場当たり的に回しています。子ども3人の習い事や部活、学校行事がバラバラで、私も度々出張があるのでスケジュール管理が大変で。急に「明日○○だから！」と言われて焦ったり。

E ご主人との家事分担は？

ゆ 夫は帰宅が毎日21時くらいで、夕食も別なんです。

E なるほど。例えば1週間の予定を貼ってご家族でシェアするのはどうでしょう。お仕事と同じように、チームをマネジメントするんです。

ゆ 家族の予定はGoogleカ

＊E…Emiさん　ゆ…ゆきさん

レンダーに入れて私にしか見えてませんでした。

E シェアしやすいのは紙ですね。週間カレンダーにご家族の1週間の予定を書き込んでもらって、よく見えるところに貼ってみましょうか。

ゆ ダイニングの壁かな。

E お子さんご自身に書き込んでもらえるといいですね。予定だけでなく「学童に電話する」「ゴミ袋を買う」なども書いて、タスク量を夫婦で共有するのもおすすめです。

料理を助ける「家事貯金」

ゆ もうひとつの悩みは夕食づくりがしんどいことです。

E 私も料理が一番苦手なのでわかります！　私は玉ねぎの皮を一気に5個むいて、ポリ袋に入れて冷蔵しておいたり、野菜を大量に蒸しておいたり、夕食づくりのときに「家事貯金」をしています。1回1回エンジンをかけなくていいのでラクですよ。

ゆ ご飯を一気に5合炊くんですけど、野菜やお肉も多めにやっておくといいんですね。

乾燥機に助けてもらう

ゆ 私が出張で不在のときは子どもが夜洗濯してくれるのですが、寝るのが30分遅くなるようで気になっています。

E 洗濯を待つ時間って長いですよね。ドラム式洗濯機をお持ちですが、乾燥機能は使われないんですか？

ゆ 電気代が気になって。

E 私は乾燥機生活です。天気を気にせず待つ時間もなく、朝6時にホカホカですよ。シャツなどは干しますが、少量なのでラクです。電気代も昔ほど高くないですよ。

ゆ 在宅勤務なので、私も室内に常に洗濯物がかかっているのは気になっていました。

E 当たり前に思っている家事を、少し実験してラクにするのはおすすめです。

まとめ

- □ 家族の週間スケジュールを壁に貼ってシェア！
- □「家事貯金」をする
- □ 洗濯乾燥機を使う

確認しなくても予定がわかる

E　ご家族でスケジュール共有してみていかがですか？

ゆ　「明日の予定は？」の確認が減りました！　今まで毎日同じ質問をしていたみたいで（笑）。生活しながら目に入るのがいいですね。

E　よかったです！　予定はいつ書き込んでいますか？

ゆ　月曜に集まって書いてます。紙を見て子ども同士も「今日○○塾だよ」「今日早く帰ってくるんだよ」と声を掛け合ったりしています。

E　お子さんたちにも変化があったんですね。今後お子さんが成長してもっと複雑なスケジュールになったとき、月曜に予定をシェアする習慣があるのはすごくいいことなんじゃないかなと思います。

家事貯金

E　家事貯金はどうですか？

ゆ　昨日はサラダ用の野菜を一気に切って小分けし、豚汁を大量生産（笑）。今晩はゆとりたっぷりです！　明日は油揚げとネギを足して、また豚汁にしようと思います。

E　いい感じですね！

ゆ　ちょっとやっておくと、次のときに洗い物も少なくてラクだなと実感しました。

E　つくりおきは無理でも、アクセルをちょっと踏むだけで違いますよね。

乾燥機生活でゆとりが

ゆ　乾燥機は使い始めてぐっと生活が変わりました。毎日15分干す時間がなくなって。

E　短いと思っても、積み重ねですからね。

ゆ　部屋干し風景が目に入らないのは、こんなにも心地いいんだ～と気分が上がります。モノがないので片づけも掃除もしやすくなったし、心のゆとりが高まりました。

E　毎日目にする光景は風景化しちゃって気づきにくいのですが、意外とストレスが積み重なってるんですよね。気持ちよさを味わっていただけてよかったです！

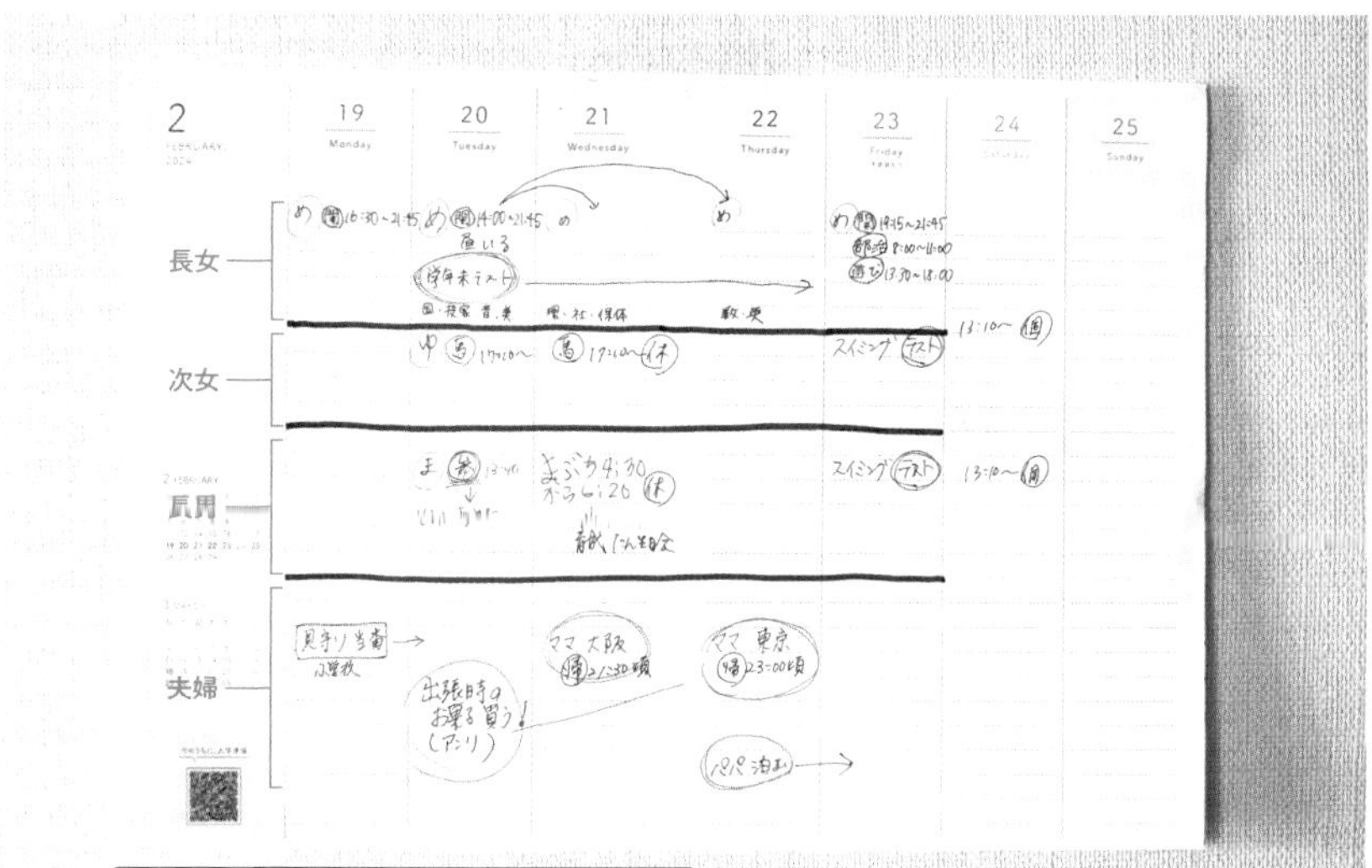

週間カレンダーでスケジュール共有

上3段に子どもたちが予定を書き込み、下の段には夫婦の予定を記入。週に一度の作業で、頭では覚えきれない週間予定が見える化できる。

乾燥機使用で洗濯がラクに！

乾燥機で洗濯の負担が軽減。朝起きてすぐ仕分け、各自がたたむEmiさん方式に。さらに洗濯・乾燥の手順メモを作り家族でシェア。懸念していた電気代も大幅アップはなかった。

Before

After

部屋の景色が変わって気持ちがすっきり。

家事貯金

野菜のまとめ切り

夕食時の豚汁は多めに作っておく、キャベツは一気に千切りして保存袋に入れておくなど、調理をまとめてやるように。

買い出しはまとめて

毎日スーパーに行くのをやめ、週初めに献立を決め週2回ほどにまとめた。ネットスーパーも検討したが、人と会って立ち話するのは必要な気分転換と気づき、買い出しは続行することに。

chapter 3

やりたいこと ファーストでいこう！

会いたい人、やってみたいこと、行きたい場所。
今日ちょっとでも前に進めてみよう！

「やりたいことファースト」で時間を組む！

忙しい日々の中で、やらなければいけないことを優先するのはもちろん大切ですが、やりたいことを後回しにしていると、「あれをやりたいけど、今はできない……」という気持ちの負担が大きくなりがちです。

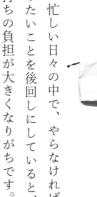

逆に、自分が本当にやりたいことをまず優先すると、心の負担がなくなり、まわりへの感謝が生まれ、やらなければならない作業をするときの気持ちが全然違います。わたしはできるだけ毎日ごきげんでいるためにも、人生を後悔なく生きるためにも、「**やりたいことファーストでいこう！**」を意識しているんです。

仕事においても、わたしは日々のスケジュールをやりたいことを優先して組んでいます。今わたしが大事にしている時間は、Voicyの収録。暮らしや仕事のあれこれを、平日毎朝10分だけお届けするラジオです。これができなかった日は焦りがあって、逆に朝イチバンにできた日はとてもハッピーな気分になります。ほかの仕事に対するモチベーションにも影響し、スタッフとのコミュニケーションもスムーズに行えることにつながっていると感じています。

みなさんは「家事を終えたら大好きな裁縫をしたい」「いつか英語を勉強したい」など、やりたいと思っていることを後回しにしていませんか？

いつか、はなかなかやってきません。**「やりたいことファースト」で時間をブロックして、やりたいことをいちばん先にやっちゃう！** 裁縫を10分してからの家事は、とても清々しい気持ちでお皿を洗えるし、朝に英語を勉強してから仕事に行くと、サクサク仕事が進む感覚を味わえると思います。

こう聞くと、「そういえば時間を生み出して、わたしがやりたいことってなんだっけ？」そう思う方もおられるかもしれません。まず「やりたいことを考える時間」をはじめにつくって、いくつかそれらをやってみる。すると、スルスルと時間がうまく回り始めるのだと思います。

&more やりたいこと。ドラマを見る！ 音楽を聞く！ なんでもOK。自分の心の真ん中に聞いてみて。

旅行は時間を追いかけるスタート儀式

日々の仕事をがんばり、余裕ができて「さあ旅行に行こう！」そんなふうに、一般的には、旅は疲れを癒すためのものと捉えられるかもしれませんが、わたしは**〝旅は、時間を追いかけるスタートの日〟**つまり、新しいはじまりの起点、と捉えています。

大きくは年に2回。お正月に温泉旅行。そして半年後の夏に、海へ旅行。ここを起点として、新しくスタートするイメージです。

新年の家族4人での温泉旅行には、マイノートを持って行き、それぞれがその1年の目標を書き出します。いつもと場所や環境を変え、日常とは違う空気を味わって考えを深めたりして、新しい方向に進むスタートの日です。とくに娘とは一緒に温泉にゆっくりつかって目標や夢を話すとてもいいタイミング。

一緒に会社を経営している夫とは、仕事のちょっと先にやりたいことを話します。旅館の接客や旅先でのお店などから、インスピレーションをもらい、次はこうしようああしよう！　と話すいい機会になっています。具体的なスケジュールに落とし込むのも旅の間に。

「4月には社内研修をやってみようか」「今年はお客様に向けて新しいイベントを企画しよう！」など。

そして夏には5日間ほど、沖縄の離島などに出かけます。のんびり海やプールにつかりながら、**半年間を振り返って、もう一度仕切り直すイメージ**。ノートを広げるのはホテルのラウンジなど。思いついたアイデアをどんどんメモして、残りの半年のスタートです。

旅は、時間を追いかけるスタートの日。時間に追われている、そんなときこそ、あえて旅行の予定を入れてみて、時間を追いかけるリスタートいかがですか？

20年ぶりにタイ北部チェンマイに。非日常でアイデアを貯めました。

家族で石垣島。ホテルでマイノートを開いて頭の中を整理します。

正月は恒例の温泉旅行へ。朝日を見ながら家族それぞれ目標を立てます。

& more
ここ数年、近場の温泉に目覚めました。移動を少なく旅先での時間をゆっくり取る。近場温泉調べてみるのはどう？

「旅行に行きたい！」と思ったら すぐマイノートに書く

「いつか〇〇に旅行いきたいな〜！」友達と話していてこんな話題が出ることがありますよね。わたしは夢、で終わらせずに**〝5W1Hで具体的にプランを立てる〟**んです。すぐに叶わないことだったとしても、とにかくちょっとだけ前に進める。そんなイメージです。

昨年、ママ友と、「娘たちが高校生になるまでに母娘でどこか一緒に旅行いきたいね〜」と話が出ました。お互いに仕事をしていて忙しいし、直近の日程的には難しそうで、行きたい気持ちはありつつも、ふわっとその日は話が終わりました。

帰宅してから、ほんのちょっとだけ具体的に考えてみよう〜と、ひとりでマイノートに〝5W1H〟メモ。

- いつ（when）：子どもが中学生の間に3日間くらい
- どこに（where）：韓国？ 移動時間が短めなところがいい
- 誰と（who）：〇〇ちゃん親子と。日程が難しければ母娘だけでもOK
- 何を（what）：おいしいものを食べる、異文化を感じたい

・なぜ（why）：娘たちと行けるのは今しかない！
・いくらで（how much）：10～15万円くらい？

時間にしてたった3分ほどのこと。でもこのメモがあることで、**テレビを観ていてもSNSを見ていても、韓国旅行情報が目に留まるようになってくる**んです。
3日間となると、もう年内だと冬休みのここしかないな！　となり、予算も見えているから検索してみると、空いてる！　いよいよ現実になり、友達にプランを送って声をかけて、本当に旅が実現しました。

帰りの飛行機の中で、次に行きたい場所を思いついたら、5W1Hでメモ。空想でもいい。とにかく書いて残しておきます。

& more
夫婦でインド旅に行きたい！　とメモしてます。今は無理だから、とアイデアを止めないことが大事。

4 朝活を成功させるコツ

2年ほど前から「朝に自分だけの仕事を進める」スケジュールが定着してきました。以前は毎日9時間睡眠のロングスリーパー、朝活なんて特別な人だけができるもの、という思い込みで、わたしには無理だとずっと思っていたのですが……！

朝に大きな仕事が終わっていると1日の気持ちがまったく違います。朝にがんばることができたわたし、すごい！　と自己肯定感もたっぷり。

ただ「がんばる！」だけでは継続は難しく、こんなふうにして朝がうまくいきました。

①前日に、翌朝のやりたい仕事を決めて準備してから帰宅

ＰＣと書きたい原稿を机に置いて帰ります。

②朝のお楽しみ、おいしいコーヒーを準備

コーヒードリップのセットをすぐに淹れられるように机のそばに。

③重い仕事と軽い仕事をセットで用意しておく

わたしの場合は、少し難しい原稿と、さっと書ける原稿を合わせると進みがよいです。

④いつもの仕事場とは場所を変えて「朝活の場所」を用意する

日中の仕事場とは違う、お気に入りカフェや、自宅であればキッチンの片隅や、椅子の向きを変えるだけでも。朝のための特別な場所、が大事。

前日にセットをすることで生まれたのは、「これだけセットしたのに朝活をしないなんて、もったいない」という気持ち。毎日できたらよいのですが、今は、メリハリをつけて、子どもの長期休み中はわたしも朝活を休む。と決め、うまくいっています！

&more ときには、朝から甘いおやつを用意しておく。そのためにがんばって起きる！

自分と向き合う1時間「ビジネスホテルの喫茶」のすすめ

3ヶ月に一度**〝いつもと違う場所でノートを広げ、自分と向き合う時間〟**をつくっています。会社や家でももちろん手帳はよく書くのですが、自分の中で、今考えていることをもう少し深めたいとき、うまくいかないことが続き何か解決策を見つけたいときは、いつもと雰囲気をガラッと変えた場所で、ちょっと深掘りする時間を持ちます。

ちょうどいいのが、ホテルの喫茶ラウンジ。それも星のついた高級ホテルではなく、〝ビジネスホテルの喫茶ラウンジ〟がおすすめなんです。街のカフェは人がいっぱい。テーブルも小さくノートが広げづらいし、ゆっくり自分と向き合うにはあまり向いていません。ビジネスホテルなら、まわりの目も気にせずゆったりスペースで向き合える。

あえて、通勤では使わない駅で降りてみて、お気に入り喫茶ラウンジで数百円のおいしいコーヒーを飲みながら、定期的に自分を見つめ直す。この時間がわたしにとってバランスを取るために必要な時間です。

&more 書店でいつもとは違うジャンルの本を数冊買って行くのが恒例です。

「この人に会いたい」と思ったらすぐにLINE

急にふと「○○さんに会いたいな。でも、今忙しいかな」と思うことはありませんか？　わたしは関西から東京に向かう新幹線の中でよく思うことがあるんです。「打ち合わせが終わってから時間ができそう！」「東京に住む友達に会えそうな感じがする」。でも相手のスケジュールはわからない。そんなとき「急に誘っても大丈夫かな？」ともちろん思うけれど、**思いついた瞬間、すぐにLINEを送信**。まさに「やりたいことファースト」！　友人も、急な誘いでも行けるかもしれない。**「連絡しようかな、どうしようかな」と悩むことに時間を使わずに、サクっと連絡！**　もしダメだったらそのときはそのとき。そんな感じで、ためらわずに連絡をとることを心がけています。

先日は先の友人に連絡したタイミングで「今どこにいる？」と聞かれ、ここだよと写真を送ると、「目の前の電車に乗って！」と言われ、友人と15分後に奇跡的に会うことができました。やりたいことを、ためらわずに連絡してよかった！　と思った瞬間です。

& more
会えなかったとしても、会いたい気持ちを連絡する。それだけでも十分。

夫婦で話す時間が一番大切

時間術で、実は一番大切なのは「夫婦で話す時間を取ること」かもしれません。

夫婦がそれぞれ思いを伝えられて、そのズレもなく、お互いがごきげんで過ごせていたら、たいていのことは乗り越えられる。でもボタンを少しずつ掛け違ってしまい、積もり積もって爆発したり、ギスギスしながらでは、**家事も仕事も子育ても問題が大きくなり、結局解決までにすごく時間がかかる**のではないでしょうか。

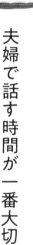

今でこそ、夫婦でよく話し合い、お互いが今考えていることを伝え合っているわたしたちですが、双子が小さい頃は、夫の帰りが遅く休日はほぼ寝ているだけ、もやもやが爆発して、プチ家出をしたこともあります。そんな数年を経て、「夫婦で話し合うこと」を何よりも大事にし、こまめに伝え合うことをするようになりました。子どものこれから、お互いの仕事のこと、体調のこと、子どもがいる前ではちょっと話しづらいこと。今は、ドライブしながら話すと、横並びで、お互いに前を向いて話せてちょうどいいね！と。

友人は名前のイニシャルで「Kの会」と名前をつけて、両親に子どもを預け、2ヶ月に

1回夫婦ふたりで食事に行くそう。

3人目の子が生まれて漠然とした不安が出てきたという読者さんは「未来会議」という名のお金について話す会をつくったそう。「最初は『なんでそんな名前つけるの?』と言っていた夫が、『今週の未来会議で、旅行の計画を話そう』と。コミュニケーションが円滑になり、同じ方向を向けているという安心感が生まれました」と教えてくれました。

できるなら、自宅ではないカフェやレストランなどいつもと違う場所で。お子さんが小さければ、話し合いに呼び名をつけて、いつもとは違う雰囲気に。

これを読んで、うちも……と思ったら、今日、それを伝えてみてください。いつかそうできたら……、は、自分から動かないとやってこないはず！ 素直に、シンプルにぜひ。

&more 会社の会議のように、次回開催日も決めちゃうのがおすすめ。定例で毎月第4金曜日などもいいですね！

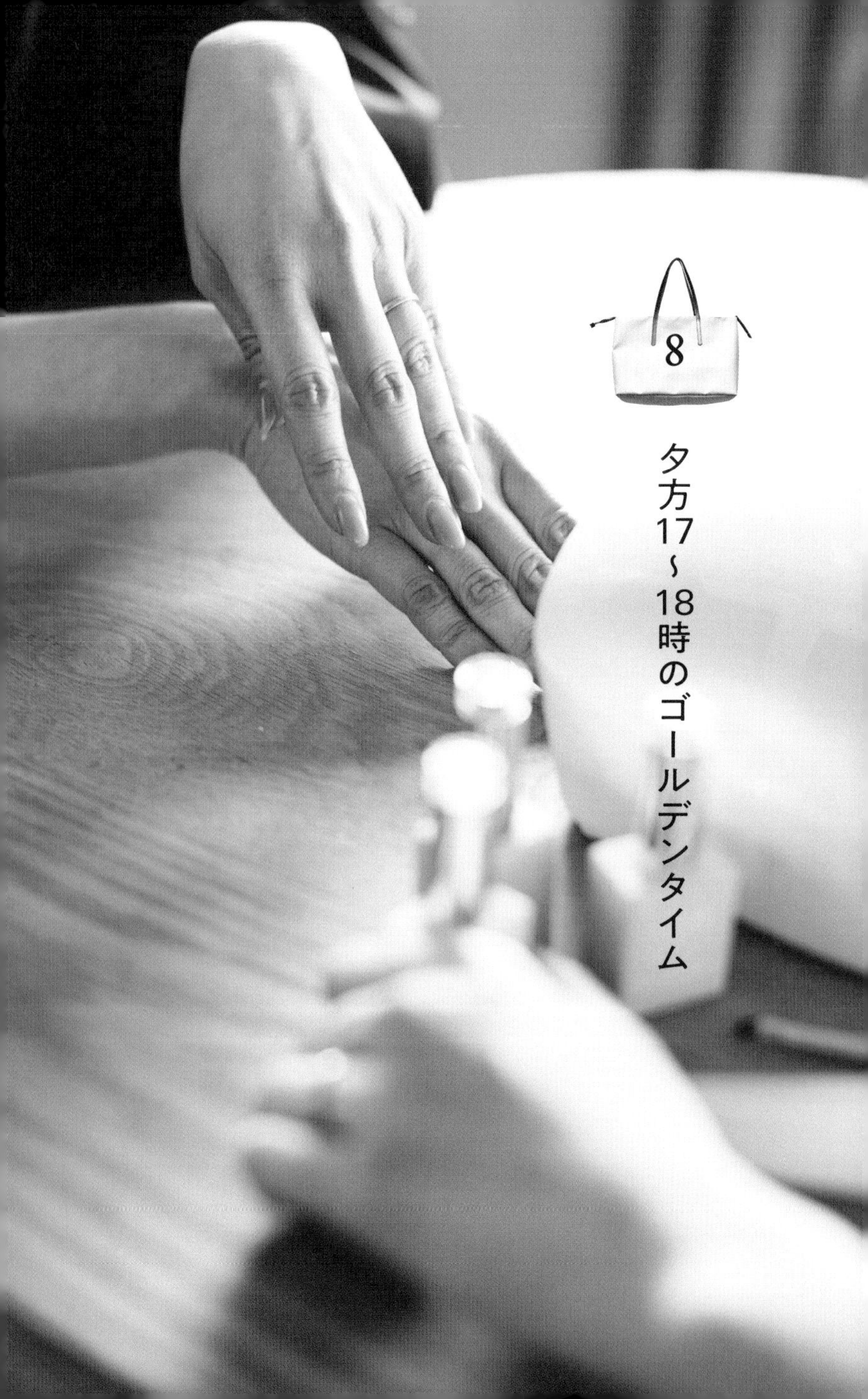

8

夕方17～18時のゴールデンタイム

平日の17時から18時まで。この1時間がわたしのゴールデンタイム。子どもたちが中学生になり、この数年、一気に夕方の時間の使いかたが変わりました。

17時ちょっと前に仕事を終えるわたし。子どもが部活から帰宅するのが18時半頃。この夕方の1時間をノル活用して「整体、美容室、ネイル、歯医者……」など、近所のお店を探し**自分のメンテナンスやケアに充てる時間**にし始めました。

以前は土曜日の午後や、平日休みをとって……などしていたのですが、自分が元気な時間だともったいないと感じることも（笑）。仕事終わりの疲れきっているときに整体やネイルなど「体メンテナンス」に充てるのは、効率的な気がします。施術を受けながら15分ほど仮眠を取ると、夜ももうひとがんばりできる、そんなパワー補給タイムでもあります。

また、予約を17時に入れることによって、**その時間に合わせて仕事を終える！と気合いが入ります**。それがより仕事の効率を上げてくれます。

もちろん、これは今のわたしの一例。わたし自身も双子が小さかった頃は5分の自分時間もままなりませんでした。でも「やりたいこと」をちょっとだけでも先にやり、心のパワーを充電すると、その後の時間を過ごす「気持ち」がまったく違うものになります。

お店に行かずとも、自宅でストレッチをしたり、LINE電話で友達と話すなど、できることから始めてみてくださいね。

&more 朝でも夕方でも夜でも、自分のためのちょっとした時間をつくってメリハリを。

休日は月2で友人と会う予定を入れる

最近、休日の過ごしかたに、自分なりのリズムやバランスを見つけた気がしています。
それは、「1ヶ月のうち休日が合計8日間としたら、**誰かと会う予定を最初から決めるのは2日間だけ**」ということです。

平日の夜にも約束することもありますが、休日である土日はトクベツな日。わたしは、人と会うのが好き！　飲みに行くのも好き！　だけれど、土日両方続くと、20代30代の頃とは違って翌週への影響が出るようになってきたんです。

そこで、ざっくりと「休日に初めから約束するのは、だいたい月に2日間」と目安を決めたことによって、体調も仕事もちょうどよくなってきました。自分から声をかけたり、かけてもらったりして、スケジュールを調整しますが、それ以上のお誘いがあった場合は、予定が空いていたとしても「翌月はどう？」と提案することもあります。**予定が空いているのは、自分との約束、**と捉えています。

出張前後の十日は「ゆっくりする日」として、スマホカレンダーにあえて記入しておくこともあります。何も予定を入れずゆっくりすると決めた日は、夫と近所のランチに出かけたり、もちろん家でネコたちと遊んで昼寝して終了〜！ の日もあります。その日の体調や気分に合わせて。また、子どもたちの試合観戦が急に入ることもあるので臨機応変に対応できるように。

何も予定のない土日に、急に友達を誘ってお茶することもあるのですが、初めから次か次に約束しておくのではなく、**その日の本当の気分、に合わせて行動する**ほうが、相手にとっても自分にとってもちょうどいいのだと感じています。

休日を有意義に過ごすために、人との時間を大切にし、同時に自分の時間も大切にするバランス感覚が、わたしにとってちょうどいいなと感じるようになってきました。

&
more

自分にとって、どのくらいのペースで人と会うのがベストですか？

人との時間、自分の時間のバランスを意識！

ちょうどいい休日の過ごしかた

よくある休日のタイムスケジュール

6:30頃
起床
（子どもの部活の予定によって
起床時間はバラバラ）
朝ごはん用意
おにぎり弁当をつくる
乾燥済みの洗濯物を仕分け
洗濯スイッチを押す
ゆっくりめに朝ごはんを食べる
掃除
洗濯物を干す

10:00
料理貯金5つくらい

11:00
そのときの感じで出発！
夫と出かける
買い物

夕方
帰宅
子どもたちと夕飯
（4人揃うのも珍しくなってきています）
もしくは友達家族とごはんなど

21:00
みんなでドラマを観る！

22:00
就寝

料理貯金

セイロを使って一度に食材を蒸したり、ピクルスを作ったり。お弁当に朝食に大活躍！

夫と出かける

息子の試合観戦や、時間を合わせて出かけることも。日帰り温泉、大阪ランチ、足を伸ばして京都、近所のランチ、打ちっぱなし、美術館など。

娘とランチ

夫と息子がサッカーへ行く日は娘と食事へ。大人のお店にも行けるようになったので、まるで友達とランチ気分です。

& more

月に1～2回は仕事も

子どもが中学生になってから、月に1回は土曜日の仕事も入れるようになりました。イベントや実店舗での接客など。その代わり、代休として平日に休みを取るように。新しい仕事のスタイルを模索中です。

ほかにはこんなこと！

すっぴんパジャマ！ と決めてあえてダラダラ／モーニングを食べに出かける／家族で洋服ショッピング／近所の友達とお茶

月に2回くらい友人と会う

週末に友人と会って話すのはわたしの元気のもと！ はじめから約束するのは2日間だけ。でも体調がよければ急遽誘うこともあります。

友人家族と旅行

長期休みはタイミングを合わせ友人家族と旅行。子どもたちが嫌がるまでは一緒に行きたいな～。

出張後の土日は「ゆっくりする日」

出張のあとは疲れをとるため、予定をブロック。整体に行って、ダラダラする日と決めています。ネコを愛でながらワインを飲むのが至福のひととき。

「行きたい場所貯金」をしておく

なんとなくランチを食べる、のではなく、食べたいもの、しかもとっておきのおいしいごはんを食べられたときのシアワセは、その日の充実や明日へのパワーにつながります。外出先でおいしいお店を探すのに時間がかかったり、あんまりだったなあと感じることをできるだけ少なくするために、日頃夫婦で「行きたい場所貯金」をしています。

①行きたい場所をマップにマークする

まず、日頃から行きたい場所をGoogleマップにマークしておきます。友達からのおすすめや雑誌で紹介されたお店、自分たちで気になる場所を見つけたら、すぐにマップに登録。すると、旅行先や急な外出時でも事前にストックしておいた場所をベースに探せます。

②信頼できる情報源も一緒にメモ

地図にマークする際、信頼できる情報源も併せてメモ。友達のInstagramや信頼のおける雑誌の情報を地図上にピンを落として保存。

③口コミよりも写真を信じる

レビューは主観的な意見が多いですが、写真は客観的な情報を提供してくれます。すてきな器や清潔感、お店の雰囲気や料理の見た目を確認することで、「わ! このお店よさそう!」と、より自分たちにピッタリな情報を得ることができるんです。

こうしたコツを使って「行きたい場所貯金」をたくさんしています。すると、友人とごはんに行く際も、お店をサッといくつか提案することができたり。「あとでお店を探さなきゃ」ではなく、「今送ろう!」と動けるんです。

また、なんとなくお店を選ぶのではなく、「行きたい場所を、自分で選ぶ」ようにすると、たとえ失敗したとしても勉強だったなあと思えます。

&more お店選びが上手な友人のSNSを見つけてみよう! その場ですぐマップにチェック!

休日ではなく「平日のスキマ時間」に用事をすませる

以前は、子どものゼッケンをつけるとか、塾の申し込みをするとか、「用事」は休日にしていました。片づけや掃除も、土日にまとめて、と思う方は多いかもしれません。

でもある日「**〝休日〟って、体を〝休めるための日〟**」なのでは？　とすごくシンプルなことに気づいたんです。平日めいっぱい働いた体を休める日。だから、小さな用事たちは、休日にするのではなく、「平日のスキマ時間にする！」と決めてみました。

平日にそんな時間を捻出するのは大変、だと思い込んでいたのですが、昼休みの5分で塾の申し込みをしたり、ゼッケンをつけるのも夕飯後、意外と10分くらいでできる。出社前に、お昼休みに、夕飯後に。用事は平日と決めると、**時間がないぶん、決めるスピードも速く、意外とさっと終わります**。そうしてギュッと平日がんばったことで生まれた休日は、最高〜な時間。体と心を休めて、また1週間がんばることにつながります。

& more
平日と休日のメリハリが大事。用事はスキマ時間にサクッとすませよう。

平日のスキマ時間に

たとえばこんなこと

平日のスキマ時間（＝朝、昼休み、夕食後）に、「ながら」でやる。
一気にやろうとしないことがポイント。

家事

- お風呂掃除は入りながらそのまま！
- トイレ掃除、洗面台掃除も使った流れでササッと
- 冷蔵庫の掃除は、1段だけ外してきれいに（一気に全部やらない）
- 洗濯機の洗濯槽掃除
- シーツの洗濯は平日に1枚ずつ。ほかの洗濯物と一緒に回す
- つくりおきはせず、平日夕飯をつくる延長で野菜を多くカット
- 食材のオンライン注文

家のあれこれ

- 引き出しの中をひとつだけ整理
- 浄水器の付け替え
- ふるさと納税の返礼品を選ぶ
- 粗大ゴミ回収をLINEで予約
- クリーニングを取りに行く

わたしのこと

- 友達とのランチ約束LINE
- 日用品の買い物
- オンラインでモノ選び
- 病院の予約
- 処方薬の受け取り

子どものこと

- 習い事の月謝を用意
- ゼッケンつけ
- 学用品などの注文
- 写真印刷をオンライン注文

& more

平日と休日のメリハリを意識しています

極端なことを言えば、週末にショッピングモールへ行ったとき、ドラッグストアを見かけても日用品を買うことに時間を使いません。休日はレジが混雑しているし、自由時間が減ってもったいない！ せっかくなら、好きな服を選んだり、おいしいものを食べたり。心おきなく休日を楽しむことに時間を使いたいと思っています。

運動は「運」を「動かす」

「今朝はイベント前に3キロ走ってスッキリしてきました！　運動って、運を動かすんですよ」。あるモデルの方とお仕事でご一緒したときに話されていたこと。ビビビッときたこのワード「**運動＝運を動かす**」。

30代後半でダンスレッスンを再開し、毎週通い続けているわたし。双子を出産してからの10年ちょっとはまったく運動せず、いつのまにか体重増加……。昔の服が似合わなくなってきた頃にダンスを再開しました。

レッスンは週に一度の90分間。最初はしんどかったものの、だんだん慣れてきた頃に聞いたこの「運動＝運を動かす」。

たしかに、仕事で疲れているとき、ちょっと心配事があるとき、じーっと机の上で考えていても何も進まないけれど、スタジオに行ってストレッチをして体を動かしている間は、頭の中の違う部分が働くようです。もやもやしていた気持ちに光が差してきたり、急にアイデアが降りてきたり！　たしかに、ダンスが運を動かすきっかけになっている！

そこからは、自宅にいてダンスができないときでも、**モヤッ、ざわっとしたら、ストレッチやヨガをして「運動する」**それが、前に進むきっかけづくり、になっています。

& more
運動をする時間がない、そんなときこそあえて運動、自分で自分の運を動かす！

睡眠は最高の栄養補給

1日の中で、一番好きな時間は「寝る時間」。今日はごきげんで過ごせたなとか、仕事をやりきったな〜と振り返りながら寝る直前が楽しみです。

人間の欲求について考えると、アメリカの心理学者、マズローの「欲求5段階説」が頭に浮かびます。生理的欲求、安全の欲求、所属と愛の欲求、承認欲求、そして自己実現の欲求という階層があり、このピラミッドに基づくと、欲求は段階的に満たされていくもの。もっとも基本となるのは生理的欲求。その中でも**睡眠が確保されてこそ、ほかの階層の欲求がうまく満たされていく**。土台が大事なんですね。

だからこそ、寝る時間はできるだけ削らないようにしています。寝る前にはストレッチやアイマスクを利用して、よりよい眠りにつくような工夫も。

仕事で頭がパンパンなときや、体がぐったり疲れているときは、帰宅後に15分だけタイマーをかけてちょっと寝ることもあります。これが一気にパワーを回復させる秘訣。17時から18時の「ゴールデンタイム」を利用して、整体やヘアサロンで施術を受けながら15分

だけ仮眠を取ることも。**どんなサプリよりも、睡眠が最高の栄養補給**だと感じています。

忙しくなるとつい睡眠時間を削ってしまう方もおられるかもしれませんが、ほかの家事時間やＳＮＳを見る時間を減らす工夫をするほうが遠回りのように見えて近道！　生理的欲求を大切にし、睡眠時間を削らないことで、日々の生活がより充実したものになります。忙しい毎日だからこそ、質の高い睡眠を確保してごきげんで過ごしていきたいですよね。

& more
毎日の就寝時間を記録するのも◎。書くだけで早く寝ようという意識が芽生えます。

Emiさんがリアルアドバイス！

時間のお悩み相談 2
ゴロゴロする時間にOKを出せるメリハリ習慣づくり

まいさんの時間割

6:30	起床
8:00	子ども登校
9:30〜13:00	仕事（週2〜3回）
15:00	子ども帰宅 習い事送迎、 宿題、料理など
17:00	入浴
18:30	家族で夕食
20:00	食器洗い、洗濯
21:00	就寝

お悩み

□パート休みの日があるのに部屋が片づかない
□時間があってもゴロゴロしてしまってやる気が出ない

相談したのは……
まいさん
小5・小2のママ。週2〜3日パートタイム勤務。夫は単身赴任中。

ーー。

E* お悩みを詳しく聞かせていただいてもいいですか？

ま* 一番モヤッとするポイントは、パッと人を呼べる部屋にしたいのにできてないことです。週に3日ほどパートをしてるだけなので、仕事のない日に片づければいいのですがついゴロゴロしてしまって。

「パートをしてるだけ……」

E お話の中で「パートをしてるだけ」というのが気になるなと感じました。

ま 正社員のママと比べると時間があるのにと思います。

E 人と比べて自分を責めてしまわれる方は多いですね。私はもっと自分軸でいいと思っていて。ゴロゴロするのも

＊**E**…Emiさん　ま…まいさん

自分を癒すために必要な時間なのだと思います。本音は何もしなくていい自由な時間がどれくらい欲しいですか?

ま　最低1日は欲しいです。韓国ドラマが好きで。

E　まいさんの優先事項はそこです！　片づけなきゃなのに観てる、ではなく、休みの日を自分のためだけに使うんです。片づけはお仕事の日に15分だけやってみましょう。

ま　うーん……家を出る前、朝9時までならできそうです。

E　では8時45分にアラームをセット！　です。片づけのポイントは、まず今後の人生に「いるもの」を選び、「いらない」を処分していくこと。もうひとつは、できればお子さんが自分で片づけられる仕組みを増やすことです。

ま　つい自分がやったほうが早いと思ってしまう母です。

E　自分がやるほうが早い、は実は思い込みです。「どこだと入れやすい?」と子どもに聞いてみて、一緒に動かす、褒める！　を続けたら、どんどんラクになりますよ！

SNSでハードルがUP

E　時間管理というと時短や効率に目が行きがちですが、OKラインを低くするのも大事です。お話を伺っていると、まいさんは「人を呼べる家」のハードルが高いような。

ま　リフォームしたときにおしゃれなお家のSNSをたくさん見たのでその影響かな。今もSNSはよく見てしまいます。

E　SNSを見るのがダメではないのですが、まいさんの生活が軸にあって、その上で「情報を取りに行く」という意識が大事ですよね。今は1日どれくらい見られますか?

ま　スクリーンタイムを調べてみると……SNSだけで1時間半くらいです。

E　1ヶ月後に半分くらいにできるといいかもしれません。

ま　なんとなく開いてしまっているのを意識して控えてみることからやってみます！

アドバイスまとめ

①朝15分片づけチャレンジ
②SNSは目的を持って見る

暮らしが大変化！

E　その後いかがですか？

ま　いい変化、ありました！　仕事の日にもうひとアクセル踏んで15分片づけをすることで、「仕事も家のことも頑張ったな～」と充実感があり、休みの日を心から楽しめるようになりました。

E　すばらしい実践力！　メリハリがついたのですね。

ま　不思議なのが、一気に片づけるより、片づけスイッチが切れにくい気がしているんです。子どもにも「なんか最近家が使いやすくなったね」と言われました。

E　時間を区切るとやる気が出ますよね。まいさんには特にこの方法が合っていたので、勉強や運動、ほかのことにも応用できると思います。

ま　廊下にも常にモノがない状態になり驚いています。子どもが自分で服を出し入れできるように整えたり、ランドセルの置き場を決めたことで、何も言わなくても元に戻してくれるようになって。

E　すごい変化ですね。

ま　パジャマや水筒も、子どもが戻す仕組みにしました。負担にならないかなと心配していたのに、「これもやりたい！」と言うのが衝撃で。

E　子どもは小さな頃からやれる力があります。環境を整えるのは、成長する機会をつくることでもありますよ。

気持ちにも変化が

E　SNSはどうですか？

ま　ダラダラとスマホを見ることが減りました。代わりにノートに片づけたい場所を書いて、週末に夫が帰ってきたら夫の担当分をお願いしたり。

E　ご夫婦で協力する姿をお子さんに見せるのはいいですね。気持ちの面では？

ま　人の目が気になるほうでしたが、もっと自分らしくていいかなとか、そんな気持ちが少し増えた気がします。

E　憧れとのギャップが強すぎるときは、着実に歩める歩幅に設定するのが大事ですね。そこを超えたとき、暮らしがもっと楽しくなります。

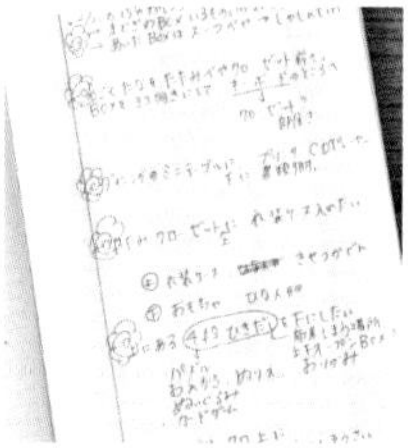

まいさんが書いたノート。15分片づけでできたことをメモ。

こんなふうに変化が！

15分の片づけチャレンジ

Before　After

キッチンカウンター

すっきりしていなかったカウンターの「いる・いらない」を仕分け。

窓際のテーブル

山積みの書類を「いる・いらない」で仕分け。いるものはボックスや子どもの棚に移動。

子ども部屋

プリントが片づかないのはしまう場所がないのが原因だったので、棚を設置。「プリントやランドセルはここに置こうね」と子どもと一緒に決めた。

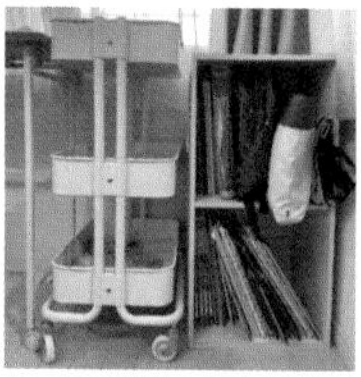

仕事がオフの1日が充実！

仕事の日と休みの日にメリハリがつき、好きな韓国ドラマを心から楽しんで観ることができるように。

1日のSNSを見る時間

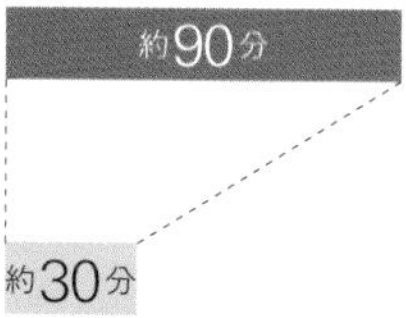

何気なくSNSを見ることがなくなり、見たい・調べたいことがあるときに開くように。

4
2024
APRIL

chapter 4

「なんとなく」をやめてみる

流れてくるSNSや、友人からの誘い、
週末の過ごしかたも。「なんとなく」を見直して
自分のごきげんペースを見つけてみよう。

I 自分がごきげんでいられるペースはどれくらい？

- 週末に誰かと約束するのは月に2日（P98参照）
- 平日に飲みに行くのは週に1回くらい
- 仕事での外部との打ち合わせアポイントは1日2件まで
- 移動を伴う出張は月にだいたい2回まで

あくまでざっくりですが、これが私の〝ごきげん〟でいられるペースの一例です。

この話を書籍の編集さんにお話ししたら「え!? 誘われたときにスケジュールが空いていたら、断ってはいけないって思っていました……」と言われ、驚いたんです！

わたしは、友達ともごきげんで楽しく会えるように、仕事でも最大のパフォーマンスができるように、**ざっくりと自分のペースを把握しておく**ことが、結果的にみんなにとっていいことだと思っています。

もちろん、あくまで「ざっくり」なので、臨機応変に対応することもありますが、出張も飲み会も「いつがいい？」と言われたときに、返事がしやすい状態を整えておくことも大切です。流されて決める、のではなく、自分から選んで返事をする。

「どのくらいがわたしのごきげんペースかがわからない」と思う方もおられるかもしれません。自分のペースを導き出すためには、**「仮に決める！」**をまずやってみる。

たとえば、1日に3回の打ち合わせ予定を組んでみて、「頭が回らず、いい打ち合わせにならなかった」と感じたら、来週は1日に2回に減らしてみようとか。逆に「もう少しいける！」と思ったら、ちょうどいいペースまで増やしてみる、など。小さな違和感を感じたときには、**その気づきを見逃さずに修正していく**ようにしています。

ガチガチのルールはしんどいけれど、「なんとなくのスケジュール」「これくらいでいっか」「場当たり的に」が続くと、自分でコントロールすることができなくなり、気づけば時間に追われている……となりがち。

わたしも起業当初、そのペースがつかめるまでに時間がかかりました。セミナーと取材が連日続き、夜中まで資料をつくったりと、そんな仕事の仕方をしていた頃もありました。今では、「なんとなくのスケジュール」をやめて、ざっくりと自分のペースを見つけ、毎日ごきげんで過ごせるようになりました。

&more 外食の回数や、ヘアカットのペースも、どのくらいが自分にとってベスト？ 仮に決めてみよう。

2 そもそもの「目的」を考える

見失いがちだけれど、いちばん大事なこと。

「**そもそもの、目的ってなんだっけ？**」

たとえば子どもの習い事を決めるとき、〝なんとなく〟「まわりの友達が習い始めたから」「もう○年生になったから」と始めると、子どもが行きたくないと言ったときや、親から見て伸び悩んでいるときなど、迷ったり怒ったりすることがよくあります。

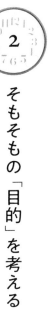

たとえば、リフォーム会社を検討するとき、〝なんとなく〟「Instagramで広告に出てきたから」「あの人がすすめていたから」と始めると、打ち合わせが進んでいくうちに、思っていた価格と違う、こんなデザインでよかったっけ？　と迷うことがあります。

わが家は、〝なんとなく〟で始めることはあまりなく、たとえば「高いレベルよりも、仲間と共にやる、を目的にこのスポーツチームへ」や「安心と信頼の伝統ブランドを求めたいから見積もり価格が多少高くてもお願いする」など、**ここを選んだのはこの目的**、をはじめに確認しておくと、大きな問題がなくなるんです。

「そもそも」の目的を見失うと、「仲間と共にやる」を目的にしていたはずのチームで、強さを求めて強い子だけで試合に出場させて欲しいとチームに要求したり、「安心と信頼」を求めて選んだはずなのに、とにかくコストダウンを求めてみたり、**ズレが生じることにつながります**。

家事も同じく。料理は「スポーツをしている子どもたちの体づくりのために・夫婦の健康のために自炊する」が目的なので、食材はできるだけいいものを選んで、調理はそんなに手の込んだことができなくてもOKと決めています。

また旅行の計画も同じ！　友人との旅行は「効率よくおいしいものを食べる旅！」にするのか「とにかく格安プランを企画して楽しむ！」のか、**目的を最初にさらっと合わせておくだけで、みんなが気持ちよくもっと楽しむことができますよね**。

時間を上手に使うためには、そもそもの目的をはじめに考える時間を取る。求める役割を確認する。遠回りのように見えて近道です。

&more 会社では「このプロジェクトの、そもそもの目的ってなんだっけ？」が口グセです。

3

SNSは目的を持って見る

スマホの設定画面で「SNSを1日に何時間見ているか」をチェックできます。iPhoneは、設定↓スクリーンタイム。みなさんは1時間？　3時間？　どのくらいでしょうか？　長時間見ることがダメというのではなく、目的を持って見るのはOK。つまり、**「なんとなく見る」ではなく、「自分から見に行って情報を得る」**、ことが大事。

P110に登場してくださったたまいさんのように、「スッキリきれいな家」「リセットされたキッチン」とSNSで見続けているうちに、自分もそうあらねばと、できていない自分を追い込む、そんなふうになっていくことがあります。わたしも数年前、食材選びをSNSで検索したところ、それ以降「添加物NG！」「この食材は危険！」などとどんどん表示され、それに時間を取られたり無意識にプレッシャーを感じることがありました。

今は、あえてフォローしないように、自分で選ぶ意識を持って見るようにしています。

とはいえ、ときにスマホを見るのが大事なリラックスタイムになることもありますよね。息子はサッカーから帰宅後、お風呂までの時間が長く、スマホを触っていることが多くて早く入ってほしいなと思っていたんです。でも、あるとき気づいたのは、それも**「必要なクールダウンの時間」**なんだということ。人から見て無駄なようでも、必要な時間ってある。大事なのは自覚すること、さらに見たものをどう自分に活かすか、ですね。

&more
自分で情報を選びに行く、取りに行く、そんな意識を持つことがまず大事！

4 「何時にする？」と迷わず「オープンすぐ！」を心がける

子どもたちが小さかった頃は、週末ショッピングモールに行くなら開店すぐ、お昼ごはんのお店に行くならオープンしてすぐ、とにかく「一番はじめ」に行くようにしていました。もちろん、子どもの様子で臨機応変に対応しつつも、基本的な考えとして「なんでも開店後すぐ！」を意識していたんです。

「どうする、お昼頃に行く〜？」「いつ出発する〜？」の**「なんとなく」をやめて、「開店すぐ」**の気持ちで。

どんないいことがあるかというと、

- 朝一番は、道路も駐車場も混まずスムーズ！
- オープンしてすぐの店内は人も少なく、ゆったり見られる。子どもがいてもほかの方の迷惑になりにくい。
- 行列もなく、食事の注文も待つことなくすぐに出てくる、子どもがぐずりにくい。

- 夕方早めに帰宅したら、子どもたちも翌朝に響かずゆったり過ごせる。

と本当にプラスなことばかりなんです。

子どもたちが大きくなった今も、基本的にはランチに行くなら11時台、夕食もお店がオープンしてすぐの予約を取るように。すると本当に、気持ちよく食事を終えることができます。

ちなみに、旅行も同じく。チェックインして「夕飯は何時になさいますか?」と聞かれたら、一番早い時間に。「翌朝の朝食は?」と聞かれたら同じく一番早い時間で。朝6時半から、などもあるんですが、それは**それがちょうどいい**ってこと。早起きして楽しもう〜と。朝食ビュッフェでは好きな席が選び放題、ずらっと並ぶビュッフェもとても清潔できれいな状態です。

昔から家族の中のざっくりとした決めごとになっているのですが、「何時にする? どうする?」と毎回悩まなくていいし、「なんとなく……19時?」ではなく、「一番早いスタートで」が決まり文句になっています。

迷わなくていい、気持ちよく過ごせる。いいことづくめです!

& more
双子が小さいときは、朝一番にモーニングに出かけて外食を楽しんだりもしていました。朝は子どももごきげん!

5 曜日を固定化する

「いつにする？」「どうしよう？」なんとなく迷う時間を減らして、ざっくりと「**曜日の固定化**」をすると、考えることが減り、気持ちがラクになります。

わたしは主に仕事の「曜日固定化」をしています。主宰するOURHOMEでは、ウェアの企画、撮影、Webページづくりも自分たちで行っています。わたし自身が着用し、スタッフに撮影してもらうのですが、以前は撮影日がまちまちで、「今週は○日にする？来週はどうしようか？　2日続けてがんばる？」など、「ウェア撮影日を相談するための打ち合わせ」が多くありました。でもあるとき、その打ち合わせをやめて、「**〝月曜の午前はウェア撮影！〟と決めてしまおう！**」と。

すると、スタッフも前週の金曜までに、ウェアの準備、撮影カットのチェック。わたしは日曜の夜には顔パックやストレッチをしたり、撮影のための準備を。ルーティンなので体もラクに動きます。「いつにする？」「どうする？」と悩む時間がなくなり、よりよいことのために時間を使えるようになりました。

スタッフにも聞いてみると、**家事の曜日を固定化**している！　と教えてくれました。何名かのものをまとめてご紹介しますね。

月曜日　1週間の献立を決める
火曜日　魚料理。燃えるゴミの日の前日に（生ゴミをためない）
水曜日　どんぶりの日！　週の半ばにらくちんメニューを挟む
木曜日　みんなで囲めるホットプレートメニュー。夫の休みに合わせて
金曜日　洗い物をしない日。平日がんばった自分へのご褒美に家事をお休み！

最後の金曜日、やらないことの曜日の固定化、には、なるほど！　と気づかせてもらいました。

やることに追われるのではなく、**やらないことも固定化してみる**。ラクになる。メリハリをつけて日々をがんばるためには必要なことですね。

&more
守れない日があっても大丈夫。そのことに悩むより、いつやろう？の時間を減らせたんだからそれでOK！

6 時間の見積もりをする

みなさんは、〝毎日の洗濯物をたたむ時間〟、どのくらいかかっていますか？　わたしはだいたい、家族４人分の洗濯物を乾燥機から取り出して仕分け・片づける時間が、８〜10分ほど。仕事で言えば、６００文字くらいの毎月の連載原稿を書く時間は、ざっくり40分ほど。

こんなふうに、**自分の家事や、定期的にする仕事に、どのくらいの時間がかかっているか？**　を知っていることはとても大事。目安時間を把握していると、予定を立てるときに、「時間が足りなかった！」や、「時間を取り過ぎた！」ということもなくなります。また、ふいにできたスキマ時間にも、「この用事ができそう！」と臨機応変に時間を有効に使うこともできるんです。

時間を見積もるためには、**ストップウォッチを用意**。わたしはよくスマホの機能を使います。夕飯をつくるのにどのくらいかかってるかな？　夜の洗い物は何分？　仕事の会議資料をつくるには？　などなど。計ってみると、意外とそんなに時間がかからずできている、と気づくこともあったり、逆に時間がかかり過ぎているな、と発見も。

わたしの会社で言うと、1時間でオンラインショップの荷物を梱包して発送するまでどのくらいの件数ができるかを計ったり、1時間でウェアのモデル撮影は3カットできる、と知っておくと、みんながスケジュールを立てやすくなります。

いろんなことの見積もり時間を計っておくと、5分でできること、30分、1時間でできること、の時間の目安が持てるようになります。

こんなことも計ってみた！

- 1泊2日の旅行準備＝10分
- 3泊4日の旅行準備＝15分
- 出張準備＝10分
- 夕食づくり＝20分
- 掃除機がけ＝5分
- 入浴＝20分
- シーツ交換＝10分
- 来客前の片づけ・掃除＝30分
- 自宅撮影前の片づけ・掃除＝90分
- メイク＝15分
- 長期休みに子どもと教科書プリント整理＝30分

& more 早速今日の洗濯物をたたむ時間、計ってみよう！　子どもと、入浴時間など計るのも楽しく取り組めます。

7 繰り返しすることをリスト化

家庭で言えば、旅行の準備、実家への帰省準備、来客前の準備。仕事で言えば、出張の準備、オンラインレッスンの準備など。繰り返し何度も行うことは「リスト化」しています。

ポイントは、**持ち物だけのリストではなく、やることも含めたリストにする**こと。

たとえば出張なら、充電器、メイク道具、など持ち物のほかに、「出張先への手土産準備」「事前に取引先のウェブサイトをチェック」「家族にスケジュール連絡」など。

リスト化するのは正直なところ面倒……！　でも、毎回手探りで行うのは効率が悪いし、旅行や出張前に、荷物や準備することの不安に時間を使うのは、本当にもったいないことだと思うんです。「パッキングが億劫《おっくう》で旅行の予定をあまり入れたくない」という話を聞くこともあります。準備に時間や気持ちを使うよりも、旅行先でのレストラン検索や、向こうでの楽しみを考えることに時間を使いたいですよね。

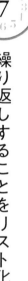

リスト化しているわが家は、1泊の旅行なら10分で準備OK！　急に「今から近場旅行いく？」と夫に誘われて「行く！」と言えるのはリストのおかげ。

ちなみにわたしは、スマホのメモ機能を使ってリストを作成しています。

もし今、「旅行などのリストを作成したい！」と思う方がいたら、ゼロから頭でふわっと考えるよりも、「旅行　準備　リスト」とネットで画像検索するのがおすすめ。ほかの方のリストがたくさん出てくるので、それをベースに自分でアレンジができます。さらに旅行準備リストなら、ご自身の旅行の写真を見返しながら作成すると、より具体的なものを思いつきますよ。

そして、旅行から帰るときにリストの更新もお忘れなく！「あれを持っていけばよかった」「次回はこれを！」など、**〝あとでやろう〟を置いておかない**ように。わたしもリストは使うたび更新しています。

なんでもかんでもリストにすればよいというわけではなく、**何度も繰り返すこと、毎回「どうだっけ？」と忘れがちな工程**に絞って考えると、とてもいいと思います。

& more
リストがなくても遂行できることは、あえてリストをつくらなくてもOK！

たとえばこんな「準備チェックリスト」

暮らしも仕事も、何度も繰り返すことはリストにしてみよう！
これがあれば体が勝手に動いてとってもラクに！

旅行の持ち物リスト

ガジェット系
・スマホ
・スマホ充電器
・モバイルバッテリー
・イヤフォン
・カメラ
・カメラ充電器

メイク系
・化粧品
・コンタクトレンズ
・アレルギー薬
・クレンジング
・洗顔用せっけん
・オールインワンジェル
・アロマオイル
・シャンプー
・リンス
・ヘアオイル

着るもの
・日数分の服
・下着
・靴下
・レッグウォーマー
・タンクトップ
・レギンス

その他
・マイノート
・ペン
・サブバッグ
・マスク
・ハンカチ
・帽子
・傘
・ストール

やること
・窓の鍵閉めた？
・エアコンタイマー切った？
・床暖房タイマー切った？
・ネコのお水チェック
・ネコのごはん残量チェック
・義父母にネコのこと連絡

来客前チェックリスト

掃除前
・窓を開けて空気の入れ替え

キッチン
・シンクのゴミ捨てる
・ダイニングテーブルを拭く
・飲み物準備

玄関
・玄関掃き掃除
・アウターを掛ける準備
・お客様スリッパ準備
・グリーン飾る

リビング
・音楽かける
・窓掃除

トイレ
・トイレ掃除
・トイレットペーパー交換
・排気口カバー交換

洗面所
＊ヘアセット終わってから
・ミラー拭く
・ハンドソープ、ハンドタオル用意
・洗濯物が見えないように

運動会・屋外スポーツ 応援の持ち物リスト

撮影系
- スマホ
- カメラ
- 三脚
- モバイルバッテリー
- SDカード
- 充電器
- 折りたたみ椅子
- 双眼鏡
- 保護者証

身じたく系
- 帽子
- 日傘
- サングラス
- マスク
- 保冷剤

雨の日
- カッパ
- タオル
- 大きなビニール袋

その他
- 飲み物
- 自販機用の小銭

オンラインミーティング 準備リスト

ガジェット系など
- ノートPC
- PCスタンド
- PC充電器
- 延長コード
- イヤホン
- Zoomで事前に背景チェック
- お相手のHPなど確認
- 打ち合わせ内容チェック

書類系
- マイノート
- 手帳
- A4用紙
- ペン

身じたく系
- 初対面のとき、洋服明るい系を着る
- リップ
- 目薬
- 飲み水
- ヘアオイル

& more

子どもが自分でできる合宿準備

サッカークラブチームに所属する息子。自主性を重んじるチームで、合宿荷物は「各自必要なもの」とだけ！ 初回のみ一緒に準備し、その際息子がスマホに持ち物リストを入力。次回からひとりで準備できるように！

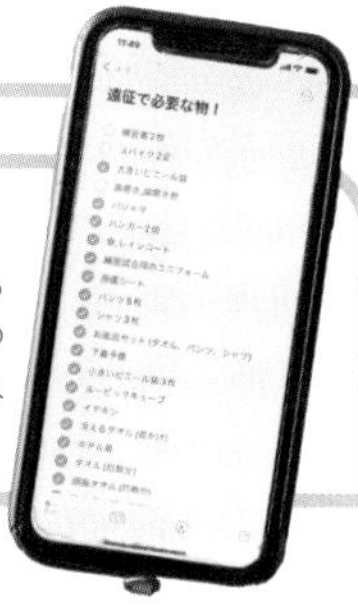

8

なんとなく情報を受け取ることを、やめる。

長年気になっていたのが「自宅ポストに届く大量のチラシ」。マンション暮らしのわが家はそのほとんどが不動産チラシ。もちろん知りたかった情報をいただけることもあるのですが、日によってはポストに入る枚数が20枚になることも。毎回資源ごみに仕分けしたりと、手間と時間がかかっていたんです。

そこで数年前から〝広告やチラシの投函はご遠慮下さい〟とポストにシールを貼ってみました。すると**ピターッと投函がなくなった**んです。それほど必要でない情報に目をやる時間も、仕分ける手間もなくなりました。

それは、メールやLINEも同じく。企業からのお知らせをいつの間にかたくさん受信していることってありませんか？

おすすめされるがままに受け取るのではなく、**好きなお店、知りたい情報が得られるものに厳選してみる**と、時間が生まれますよね。

&more すでに受信している場合は、メルマガ受信設定を見直してみよう！ 自分が欲しい情報は何？

9 メールやLINEの通知を切って集中タイム！

仕事でも自宅でも、メールやＬＩＮＥに追われると時間があっという間に過ぎますよね。

わたしは基本的には通知音は鳴らさず、普段から通知音が鳴ったから見るのではなく、「**自分で見に行く意識**」を持つようにしています。たとえば、ひとりで集中したい朝8時～9時半は通知をオフにして、原稿を書く。その間はメールやＬＩＮＥには極力返事をせずに、その後の時間に。同じメールを見るという行為も、受け身で見るのか、自分から見るのか、では時間の使いかたが大きく違うと感じています。

自宅にいるときも、iPhoneの〝集中モード〟や〝おやすみモード〟設定を使って通知が鳴らないようにし、スマホを遠ざけることも。

特に集中力の必要な書く仕事や、企画を練ることがつい後回しになってしまうことがあるので……同僚に「今から1時間原稿タイムに入ります～」と宣言して**通知オフで集中**。気を遣わせないように「その間も気にせず連絡もらってＯＫ！」と伝えておきます。

& more 緊急電話だけは音が鳴るような個別設定を使えば、安心！

10 「人の時間を使わない意識」を持つ

ひとりで抱え込まず誰かに相談するのはよいこと。けれど「人の時間を使わない意識」を持つことはとても大事なことだと感じています。

仕事でも家庭でも意識しているのが**「どうしたらいいですか？」という聞きかたをしないこと**。状況だけを伝えて、相手に答えをすべてゆだねてしまうのではなくて、状況＋〝自分の考え〟をオンするように。

たとえば、上司によりよいアンケートの取りかたについて調べてほしいと依頼され報告するとき、「○○と△△というサービスがありました」という状況報告だけで終わる人が多いです。でも、そうなると相手に検討する時間をたくさん使わせることになります。そのときに「○○と△△というサービスがありました。わたしはコスト面では△△サービスがベストだと思います」と、自分の考えをオンします。

わたしが判断していいのかな……と遠慮するのではなく、最後に決定するのはお相手や上司でも、**きちんと自分の考えを乗せて伝える**。そうすることで相手は決めやすくなるし、自分も主体的に取り組めます。

家族に買い物の提案をするときも同じく。「キッチンカウンター、AとBがあるんだけど」ではなく、自分の考えがあるならちゃんとはじめからONする。「Aのほうが1万円高いけど、子どもたちの手が届くところに引き出しがあって手伝いやすいと思う！」など。

自分の考えをオンするのは、相手のためだけでなく自分のメリットにもつながります。結果的に自分のやりたい流れや方向に進めることができて、うまくいくことが多くなること。相手も自分も検討する時間が減り、仕事のプロジェクトも、家庭の買い物も、決定や進行がサクサク早くなること。

また、P24でも触れたように、日々小さなジャッジを繰り返すと、それが練習になって人生の大きな決断をするときにも必ず役に立ちます。

自分のためにも相手のためにも**「自分の考えをオンする意識」を持つ**ことが大事です。

&more
子どもにも小さい頃から伝えていること。「○○は、どうしたい？ 考えてみよう！」

11

なんとなく迷うのをやめてみる

週1回、平日の夜に90分間のダンスレッスンに通っています。平日仕事がパンパンで、夕方息切れしながら帰宅。夕飯をつくって軽く食べて、そのあとのレッスン。実を言うと、ほとんど毎週「どうしよっかな〜……、今日疲れたし休もうかな、いや行けそうな気もするな……」と、迷っていたんです。その後どうするかというと、結局行くんです（笑）。そしてダンスレッスンを終えて帰る頃には「今日も楽しかった〜！　は〜！がんばって来てよかった!!」。１００％毎週この繰り返し。あるときふと、「わたし迷うことにどれだけ時間を使ってる!?　迷いながらも結局行く、そして満足する。この繰り返しなら、**行くか行かないか、迷うことをやめよう！**」と決めたんです。

そこからはとにかく気持ちがラクに。迷わないことを決めただけなのに！

みなさんも、参加するかしないか、買うか買わないか、渡すか渡さないか、迷い続けることに時間を使っていませんか？

&more ダンスは、毎週ではなく月3回、と決めたのもポイント。月4回あるうち1回は休む！

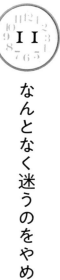

12

あえて「今日はダラダラする日！」と決める

〝ダラダラする日〟それがあることで、人間バランスが取れますよね。ただ、同じダラダラでも、なんとなく……と、自分で決めて行動する、のとでは大きく気持ちが違います。なのでわたしは、はじめから**「今日は、ダラダラする日！」と決める**んです（笑）。

とある平日夜にひとりになるとわかった日。夕飯は適当〜にして、その後、友達と2時間くらいすっぴんでＬＩＮＥ電話。ビール飲みながら最高のダラダラ時間。

忙し過ぎた週の土曜日、午前中に溜めたラジオを聞きながら最低限の家事。夫とランチしたら、午後はおやつとアイスを買い込んで、テレビを観ながら、〝あえて〟ダラダラ。**罪悪感はまったく感じず、スッキリ爽快感！**　だから翌日がんばれる。

同じ原理で、双子育児中、洗い物は翌朝にする！　と〝あえて〟決めて、子どもと一緒に21時に寝ていたことも。「洗い物を残してしまった……」のではなく、自分であえて選んでやっていること、と思えば気持ちがラクになったこともありました。

&more 自分で考える、あえて、選ぶ。この感覚を味わうと、前向きに過ごせる！

13 会いたい人に会うために日程を固定化

人生100年時代と言われるけれど、会いたい家族や友達と会える日数はどのくらいでしょうか。たとえば年に1度会う友達たちと会えるのはあと何日？　遠方に住む実家の家族と旅行できるのは、あと何回くらい？

日々忙しいみんながスケジュールをバッチリ合わせて会うのはなかなか難しく、予定が流れてしまうこともあるのではないでしょうか。

そこでわたしは、たとえば年末年始は、「**会いたい人に会うために、日程を固定化**」しています。

わが家では「12月29日はこの集まりで、30日は高校の友人たちで集まる、1泊2日の旅行に行くのはここで」といった形で、特定のスケジュールを固定化。

この方法のいいところは、会いたい人に会えるだけでなく、予定をあらかじめ決めておくことで、**スケジュールの調整に使う時間を大きく減らせる**ところです。固定した日にみんなで何をしようか、どこに旅行に行こうか、を考えることに時間をあてられて、より楽しい時間を過ごせるのです。

たとえば、○家族での集まりの場合、「どうする？　どうする？」と毎回時間をかけるよりも、「この日で固定してみるのはどう？」と提案することで、ストレスなく集まるきっかけになります。毎年のルーティンになれば、お店やホテルも早くから予約ができるので行きたいところに行きやすいですよね◎

年末年始のほかにも、

- 春休みには○○家と近場旅行
- 両親とはそれぞれの誕生日付近の日曜日にランチ

など、会いたい人に会うために、ざっくりと年間スケジュールを固定化しています。

&more 毎年忘年会をしている集まりがあったら、「今年から仮に12月第○週の金曜日夜でどう？」と聞いてみるのは？

14 服選びはルーティン化

「毎朝の服選びって、何から決める？」とまわりの人に聞いてみたら、

「靴から！　はきたい靴を先に決めて、あとで服を考える」
「自転車に乗る日かどうかで、パンツかスカートか決めるかな」
「うーん……なんとなくその日の気分で」

などいろんな答えがありました。

わたしはというと、まずトップスから選びます。仕事柄、ＳＮＳなど日々不意な撮影があり、見てくださる方はトップスが目に入ることが多いと思うので、上半身命！

トップス、パンツ、ワンピース、アウターと順に並んだクローゼットから、**まずトップスを５秒で決める！**　そのあと、ボトムスを決める。ほぼ毎日その順番です。

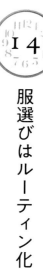

どれから決めよう〜と選ぶことに時間をかけず、「ここから決める」を決めておくとスムーズにいきますよね。

〝毎日の洋服を制服化〟、までの細かいルールをつくり過ぎると、わたしの場合、うまく回らなくなってしまうので、そこはある程度ゆる〜いルールで。

ただ、雨の日だけは制服化しておくといいかと思います。

子どもが小さい頃は、雨の日となると、子どもの荷物だけでもレインコートを着せたり長靴に変えたり、保育園の送迎も車に変えたりと、「いつも」と違いますよね。なので、**自分の着ていく服だけでも、「制服化」しておくと迷う時間を減らせます。**

レインブーツに黒の撥水パンツ、トップスだけは明るく。そして、湿気で広がらないように、ヘアスタイルはひっつめのお団子で。など、これだけでもずいぶん朝がスムーズ！

毎日の「なんとなく」していたことを、楽しみながらちょっとずつ工夫したり減らすだけで、気持ちがラクになりますよね。

&more
服選びが好きなら時間をかけても◎ 大事なのは、自分にとってかけたい時間がどうか？ 考えることです。

15

突然くることこそ前もって準備する

先に備えることは、〝時間を追いかける〟こと。

防災などもそうで、事前にある程度準備していると安心感が生まれて、**なんとなく不安になる時間を減らす**ことができますよね。

大きな地震だけではなく、台風などの自然災害は年に何度かやってきます。わたしは1995年の阪神大震災、そして2018年の関西の台風被害で、停電や断水も経験しました。自宅には、ガスコンロ、カセットボンベ、お水などは**日頃から使うものを多めにストック**。台風予報の前日は保温鍋でおでんをつくり、停電中も食べやすいおにぎりなどを用意するのがルーティンになってきました。

ほかにも、急なことに備えて新札をストックしておく。慶弔に備えて必要なセットを揃えておく。備え過ぎると時間もスペースも取られるので、必要な、ほどほどの備えで。なんとなくの不安をやめることが、心の余裕を生み出す秘訣なのかもしれません。

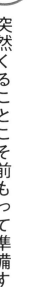

& more 内閣府の防災持ち物リストをもとに、防災リュックを準備しています。

災害の備え

玄関に2リットルのペットボトルを10本、野菜ジュースを10本ストックしています。防災リュックは、夫の古いリュックを再利用。中には保険証のコピーや連絡先リスト、コンタクトレンズや洗面用品などいざというときに持ち出せるように準備。

冠婚葬祭用の引き出し

香典袋、薄墨のペン、バッグや薄い黒のタイツ、黒いエプロンなどはひとつの引き出しにまとめて。いざというときここからまとめて取り出せば大丈夫、という安心感があります。喪服は結婚したときに実家に持たせてもらったものがあります。

16 「何もできなかった……」と感じた日は今日やったことを書き出してみる

日中、たくさんのことをしたはずなのに……。ときに、「わたし、今日何もできなかった……」という気持ちが訪れることがあります。

みなさんも経験がありませんか？　そんなときにわたしがするのは、**今日やったことをたくさん書き出して確認する**作業です。

たとえばある日の「やったこと」はこんなふう。

- 朝から子どもの塾弁当をつくった
- ウェアの動画チェックをした
- 手帳の発注数を決めた
- 原稿を1本書けた
- スタッフとのランチの予定を決めた

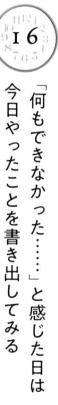

- 面談の資料を読み込んだ
- 子どもの服にゼッケンをつけた

書く前は、今日は何もできなかったと感じていたのに、書き出してみると実際にはたくさんの〝家事や仕事〟をしていたんだ……！「ちゃんとがんばってるよ～」と**自分を認めてあげることができる**、そんな効果があります。それは家事や育児でも同じこと。

おむつをかえた、掃除機をかけた、お風呂を洗った、不燃ごみを集めて捨てた、段ボールをまとめた、子どもと遊んだ、テレビを拭いた、回覧板を持って行った、おえかき帳とクレヨンを注文した、子どもをお風呂にひとりでいれた、寝かしつけをした！

何もできなかったと感じる日も、やってるやってる！ ちゃんとがんばっている。頭の中で考えるだけではなく、**あえて書き出す**ことがポイント。見える化すると充実感を味わえるし、より自分を認めてあげることができます。

みなさんは、今日1日、何をしましたか？ 家事でも仕事でも育児でも。**大事なのは、人と比べないこと**。書いて壁に貼ってみるだけで、「よしっ明日もがんばろう」って思えるはずです。

& more
時間に追われて焦っている日こそ、この時間を取ってみる。すう～～っと気持ちが落ち着くはず。

Emiさんがリアルアドバイス！

時間のお悩み相談 3
〝自信のコップ〟をいっぱいにする

みずほさんの時間割

6:30	起床
8:00	長女登校
8:25	長男登園
9:00～16:30	仕事
17:30	長男お迎え、夕食づくり
18:30	入浴
19:00	夕食
21:00	読み聞かせ、寝かしつけ
23:30	就寝

お悩み（仕事）

□心のキャパを大きくしたい（失敗が苦手、緊張しい、人の目が気になる、自信がない）
□まわりの人がすごく見える
□マルチタスクが苦手　etc.

お悩み（家事）

□服選びに時間がかかる
□帰宅後の充電切れ感
□気分の波がすごい
etc.

相談したのは……
みずほさん
小6・年長さんのママ。
週4日パートタイム勤務。

自分のプラス面にフォーカス

E* 事前にお悩みのリストをいただいてありがとうございます。たくさんありますが、普段から困りごとをリストアップされているんですか？

み* メモしているわけではないのですが、自分を振り返って反省することが多いです。通勤で毎日15分自転車をこぐ間も、「あれができてないな」と〝できてないリスト〟を頭の中で溜めていて。

E タイプの違いで、会社を出た瞬間すべてを忘れる人もいれば、考え続けてしまう人もいますよね。できてること、自信のあることを5個挙げるとしたら、どうですか？

＊E…Emiさん　み…みずほさん

み　難しいですが……割と明るかったり、楽しいことが好き、かな？　具体的に出てこないんですよね。自分のことを説明するときにマイナス面がまず先に出てきます。

E　苦手に向き合える力があるのは素晴らしいことです。ただみずほさんは悪い面に常にフォーカスされている状態なので、大事なことは「今日できたこと3つ、毎日書く」ことかもしれません。

み　小さなことでも……？

E　はい！「頑張ったこと」じゃなくて「できたこと」、例えば朝メイクできた、子どもとトランプできた、とか。言語化できる力をプラスに使ってみてほしいんです。

み　なるほど。ハードルを下げてやってみます。

E　私も若い頃は「どうしよう」が口ぐせだったんです。だからマイノート（P58参照）にできなかったことも書くけれど、褒めてもらったことや手紙も貼って、ベストアルバム的に溜めているんです。みずほさんは最近人から褒められたことはありますか？

み　「バランス感覚がいい」と言われるのですが、素直に受け取れないんです。努力して得た部分ではないから。

E　私は持って生まれたことをどれだけ活かせるかが人生に大事だと思っていて。バランスがいいというのは、人間関係を円滑にするのが得意ということなので、組織で働くほうが向いている、とか。

み　確かに、人と一緒のほうがシャキッとできます。

E　やっぱり！〝自信のコップ〟をいっぱいにするためにも、ぜひ褒められたことやうれしかったことも書き出してみてください。

気分のアップダウンを記録

E　日によって気分に波があるというのはいかがですか？

み　帰宅してパッとキッチンに立てるかどうかということから違います。コンディションのいい日は品数も豊富で。

E　ご自身をよく分析されていますね。波があるのは当たり前のことだと思うんです。みずほさんは記録が得意だと

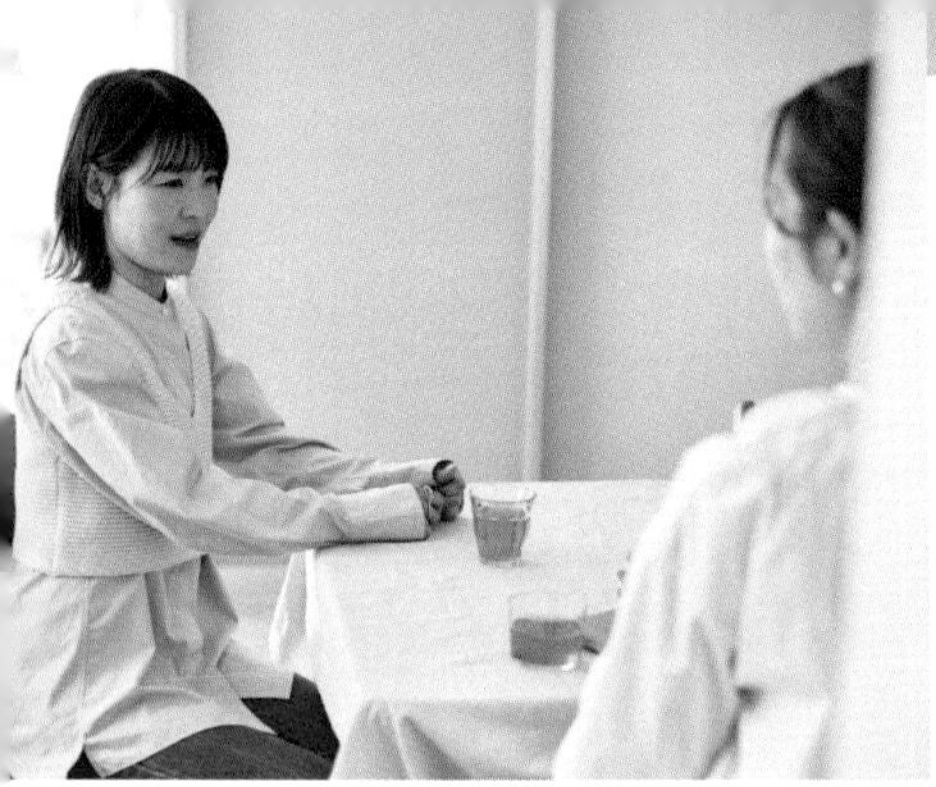

思うので、毎日の「気分の波」を4段階で書いてみるのはどうですか？　1日が終わったときの感覚のログをつけるんです。

み　メンタルの不調が体に出やすくて、記録をつけたことがあります。でも緊張した、怒ってしまったとかマイナスなことを書いていたかも。

E　マイナスなことを思っちゃいけないわけじゃないけれど、スイッチを切り替えられるといいですよね。

み　今の瞬間でちょっと上がってきています。こんなに自分と向き合うことがないので、なんだか楽しみです。

日々の服選びをラクに

み　毎日カオスなクローゼットを開いて、夫婦で発掘作業をしているのも悩みです。結局いつも着る服も同じで。

E　発掘作業、ナイスネーミングです（笑）。個人的には、着回し力は本当に必要なのか？　とも思っていまして、「迷うことに時間を使わない」と決めるとすごくラクになりました。「結局着る服が同じ」から、気持ちを「私は5つのパターンでいく！」というだけでも違うかも？

み　おしゃれするのは好きだけど、いつもしっくりこずで、自分の着回し力にばかり着目していました。

E　毎日の服装を写真に撮るのもおすすめです。私もやっているのですが、色々見えてくるものがありますよ。

み　写真で確認したら、組み合わせも自分に似合う似合わないもわかりそうで、次の買い物も明確になりそうな気がしますね。ちょっと記録してみます！

アドバイスまとめ

①毎日できたことを3つ書き、体調や気分の波を4段階で記録する
②褒められたことを書き出す
③毎日の服装を写真に撮る

服選びに時間がかかる＆着回しができないのが悩み。

Emi

その後、暮らしや気持ちの変化はどうでしょうか？

みずほ

ノートを書き始めて1週間、39年間の思考のクセを修正するのはなかなか手強いなと実感しています～。でも、修正しようとしてるなという実感はあります！

夜寝る前などに、息子と今日のよかったこと発表会してみたり、夫も一緒にマイノートを始めたりしています。

難しいなと感じるのは、1日の総括を◎〇△×で表現するとき、◎をつけるのがすごくハードルが高いと思っちゃいます。

Emi

たしかに39年間の思考のクセを急に変更は難しいですよね。心配や不安があるからこそ準備をしたり、細かく書き出せたり、それはみずほさんのよいところでもあるので、ベースはそのままでも、「ちょっとだけUP」くらいでちょうどいいと思います^ ^

・家族を巻き込む！
いいですね！ マイノートは子どもでも、好きな紙を貼ったり、絵を描いたり、出かけた先でスタンプを押したり、楽しいですよ～！

・1日総括
今日のごきげん、というより、もしかしたら体調の様子を記入する、のほうがいいのかなと思ったのですがどうですか？ 体調がめっちゃいい！＝◎、ちょっと今日はしんどい＝× など。

みずほ

わりと白黒つけたいタイプで（笑）、マイナスはダメ！ って決めつけていたから苦しかったのかもです。お返事いただいてから、マイナスがプラスにもなるのかもと思えるようになっています。

「1日総括」、体調ならつけやすいです！

引き続き家族を巻き込んでゆるっと楽しく記録していきますね^_^

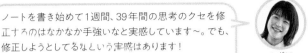

ノートで気持ちに変化が

み　毎日できたことの記録、こんな感じでつけています。

E　拝見して、わたし泣きそうです……！「算数ノート忘れずに買った」「子どもたちに大好きが言えた」。もう、泣かせにかかってますか？というくらい（笑）。

み　そんなふうに言っていただいてうれしいです。改めて読み返すと、子ども第一で生活していることがわかり、私なりに母業ができてるかも、と自信がつきました。

E　元々書くことが好きでお得意ということに、プラスのことがオンされたんですね。

み　仕事もできたことを言葉に残すことで、バランサーだと言われてたことと記録が自分の中で一致したというか。

E　書くと同じことを追体験できて、褒められたことが蓄積されていきますよね。

み　はい。最近、自転車の通勤時間に、ひとり反省会をする時間が減ってきたんです。「ご飯何作ろう？」とか考えることが増えてきたかな。

E　「次のこと」を考えるようになってきたんですね。

み　体調も、記録をつけてみるとイメージより×が少ないことに気がつきました。

E　自分に対する思い込みってありますよね。その枠を外すことは、何歳になってもできることだと思っています。

服選びも仕組み化

E　服選びはどうですか？

み　コーデの記録を始めたばかりなのですが、似合うかどうかのジャッジがしやすくて、組み合わせの固定化がしやすくなりそうです。

E　アルバムに記録されていて、いい感じですね！

み　必ずパンツスタイルなので、曜日でパンツの固定化もしようかと思っています。

E　この1ヶ月で変化がたくさんありましたね！　みずほさんのお顔がイキイキされていてうれしいです！

「ひとり反省会」が減り前向きな時間に

往復30分の自転車通勤中、仕事の反省で頭がいっぱいになることが減り、「今日の帰りはあのスーパー行こうかな」と思い立つなど、前向きな時間がオン。

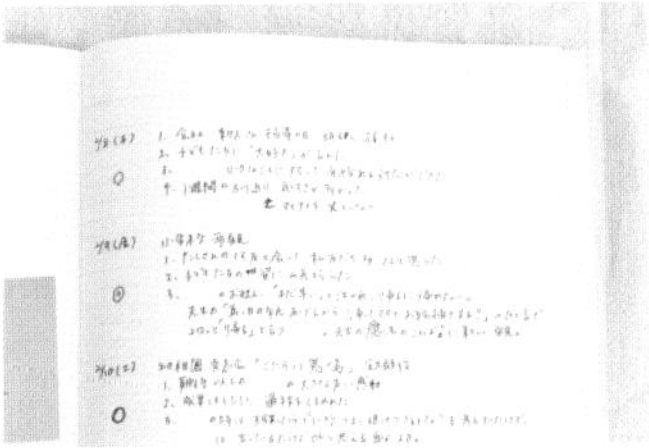

体調・よかったこと記録

以前は体調の悪い日に目を向けていたが、○や◎が予想外に多かったことで「私、調子いい」と思えるように。

人から褒められたこと

ほかの人がすごく見え、焦ることが多かったが、「自分は会社で必要とされているのかも」と思えることが増えた。

よかったこと発表会

寝る前など、息子と1日の「よかったこと」をお互いに発表するように。

部屋にも変化が

悩む時間が減ると、キッチンカウンターがきれいに。心と部屋はつながっていると実感。

OFF
トイレ洗剤
洗濯洗剤

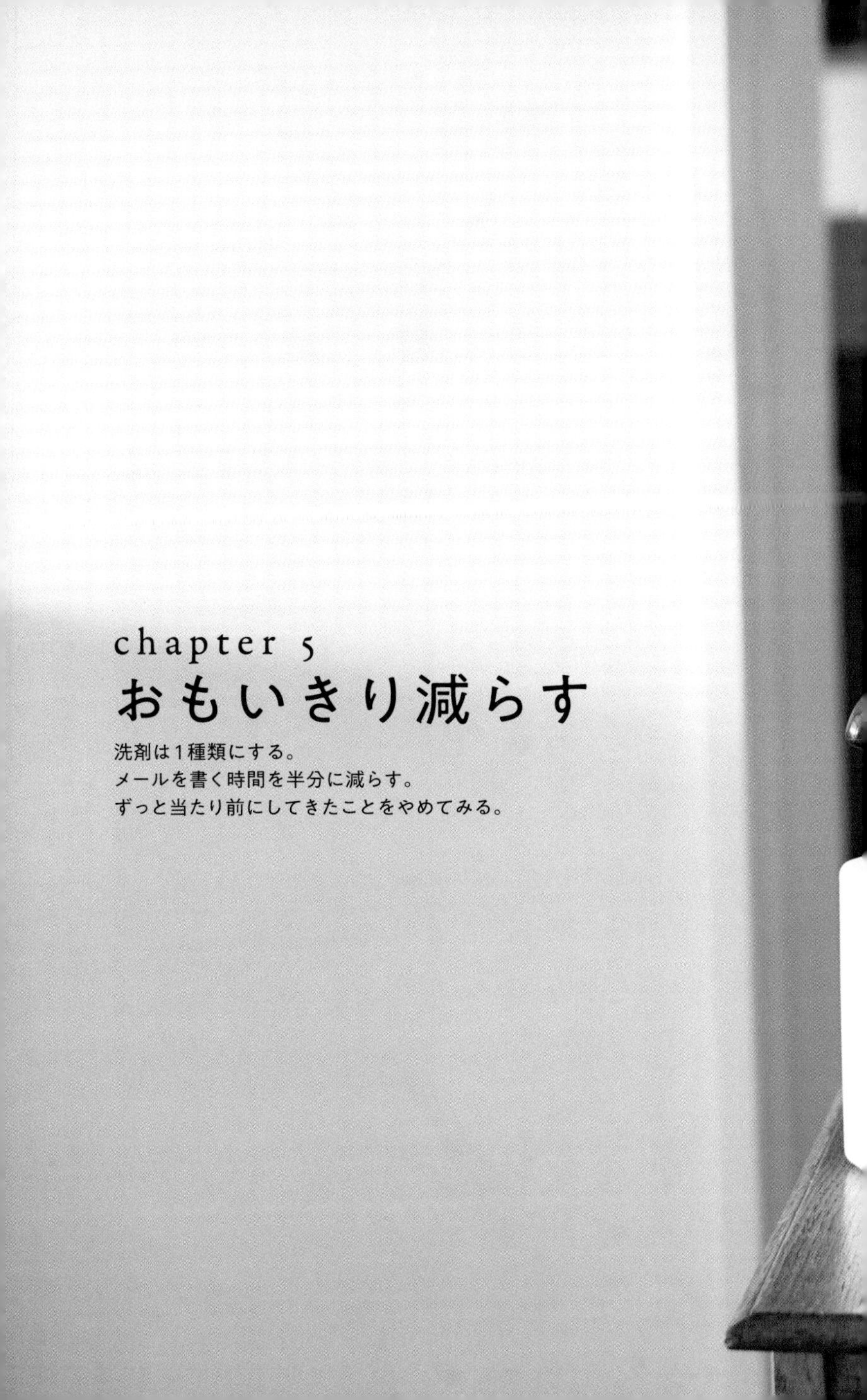

chapter 5

おもいきり減らす

洗剤は１種類にする。
メールを書く時間を半分に減らす。
ずっと当たり前にしてきたことをやめてみる。

今あるものを思い切って100から60に減らす

やりたいことに時間を使いたい！　時間をうまく追いかけたい。

そうなると、自分自身が今までやってきた家事や仕事を、誰かにお願いしたり、お互いにシェアする必要が出てきます。

すると、今度は、「誰がやるのか？」「わたしはこれだけやったんだから、あなたにものくらいやってほしい」という話し合い（のようないざこざ）が生まれるわけです。

そこで、**今まで自分がやってきた家事、仕事を100としたときに、そもそもその100は本当に必要か？　ということを一番に考えます**。

今ある100の押しつけ合いは、お互い50：50にしようと思うと相手もそれなりに負担。まずはじめに、100をちょっと減らすのではなく、60くらいにぐーーーーっと下げる気持ちで、やることを見直すんです。

「そもそもやらなくていいこと探し！」

たとえば家事なら、たたむのが当たり前だった洗濯物、服はハンガー収納にして下着類はぽいぽい放り込み方式にしてもいいのかも？

たとえば仕事なら、打ち合わせ回数を3回から1回にまとめられるかも？

一緒にシェアする家族や同僚と、話し合うのはまず、お互いにやることの押しつけではなく「そもそも、やらなくていいこと探し」。


わが家の話ですが、24歳で結婚した当初は、ご飯の炊きかたも、何も知らなかった夫。今では買い出しから料理までなんでもできるように！　先日「どうしてこんなに家事ができるようになったの？」と聞いてみました。すると、「もしあの頃、Ｅｍｉに、『家事が大変だ、しんどい、めちゃくちゃ量があるし、とにかくきつい！』って言われてたら、やってなかったと思う」と言われたんです。

１００あるものを60にして、「なんだか簡単そう～」「ラクかも」「俺でも（子どもでも）できるかも」。**そんなハードルの下げかたが、結局自分をラクにしてくれる**のかもしれません。

&more 目的は「時間を生み出すため」。多少の家事レベルは目をつむって、これがちょうどいい、って思うのが大事！

管理するモノの量や時間を減らす

「時間がない！」そう思っているけれど、たくさんの洋服や、〝いつか〟のための食材、困ったときのストック品は買う、という方は意外と多いのではないでしょうか？

時間がないことと、モノを買うこと、一見関係のないように思えますが、これがすごく関係のあることなんです。

「時間がないからこそ、自分で管理するモノの量を思い切って減らす」

こまめにオンラインショップで注文すると便利なようですが、それには、

- 荷物の受け取り
- ダンボールの処理
- プラごみと分別して分ける

など、ひとつひとつの作業は小さくても、1週間、1ヶ月単位で見ると意外と時間を使っています。

たくさんの洋服を管理するのもそうです。

- 今日着る服を探す
- 衣替えが必要
- クリーニングに出しに行く、取りに行く

あくまで一例ですが、**モノが多ければ多いほど、管理する時間がかかる**んです。
ワーキングマザーで忙しい方は特に、ぐーっと自宅の持ち物の量を減らして、管理することを手放すとすごくラクになれます。

掃除をするのにも、モノが少なければさっと掃除機をかけられる。
料理をするにも、お皿が少なければ、選ぶのがラク。
文房具も、少なければ、取り出しやすい。

ミニマリストになる必要はないけれど、まずは、時間の見直しの前に、持ち物の量の見直し、してみませんか？

&more 意外と毎日使っているモノは、家の中でも限られていませんか？

LINEやメールの返事は〝丁寧のサンドイッチ〟で

「LINEやメールの返信、文章を考えるのに時間がかかるんです」
「冷たい印象にならないように絵文字を選ぶのにいつも迷います」
よくご相談いただくお悩みです。以前と比べると電話は減ったものの、チャットやメールでのやりとりはずいぶん増えていますよね。

自分がどう思われるかな？　冷た過ぎないかな？　と気になるところですが、わたしが心がけているのは「**ちょうどいい丁寧さ**」。丁寧過ぎる長文は、相手の時間を奪ってしまうし、気を遣わせてしまうことに。反対に、箇条書きのみだと冷たい印象です。〝ちょうどいい〟丁寧さはとても大事なことだと思っています。

具体的には

①丁寧のサンドイッチ！　始まりと終わりは丁寧に。内容は箇条書きに

仕事のメールの場合、冒頭は季節の挨拶やお相手の近況を3行ほど。中間は箇条書きでわかりやすく。

仕事の場合は特に、**お相手に「気持ちよくさっと動いてもらうこと」が大事**なので、わたしからのメールが読み込むのに時間がかかると「あとで読もう……」と放っておかれることになりますよね。大事なことが簡潔に伝わるよう、とにかく真ん中は箇条書きで、ラストは丁寧にお礼を添えて。「丁寧のサンドイッチメール」を意識しています。

②**絵文字はなくても、スタンプがあればＯＫ！**

③**スタンプは毎回同じものでもＯＫ！** 選ぶことに時間を使わないし、自分らしいアイコンだと覚えてもらえるのもテク～！

ＬＩＮＥのグループトークの場合は、特定の誰かに伝えたいことは、１行目に「～さんへ」と書くように。誰に何を判断してほしい内容なのかをわかりやすく。

さらに、ひとつのメッセージにあれこれ詰め込まず、１件ごとにメッセージを分けます。

お相手がリプライしやすく、早く返事をいただけることにつながります。

当たり前ですが、送るタイミングも気をつけて。ＬＩＮＥやメールは早朝や深夜は相手に圧をかけてしまうし、こちらの都合でわがままになりすぎない時間にしています。

＆more ＬＩＮＥはスマホの文字入力より、音声入力のほうが早くて便利！ 意外と使いやすいですよ！

なんとなくランチに行かず、平日の昼休みは30分。

かつて20代の会社員の頃は、お昼休みが1時間あり、同僚とランチのお店に行くのが毎日の楽しみでした。ところが今は平日ランチに行くことは年に数えるほど……！　よく考えると、混んでいるお店に並び、外出して戻ってきて、となると、**午後から仕事のスタートにエンジンをかけるのに時間がかかってしまう**ことに気がついたからです。

今はあえて平日は外へ出ず、会社で30分、持参したお弁当を食べるようにしています。スタッフと職場で、お弁当を食べながら子どものことや昨日見たYouTubeの話などをして、わたしは30分で気持ちの切り替えは十分！

たとえば、コンビニに行く、ランチのお店に行く、毎日の何気ない行動も意外と時間がかかっているものです。そこを見直すことで、お昼休みに「食材の注文」などのＴＯＤＯや、「ＳＮＳを見て自分時間」など**やりたいことに時間を使えるようになるはず**！

ちなみに持参するお弁当は、手の込んだものではなく、前日の残りでＯＫ！　と決めています。その代わり見栄えがするお弁当箱などを使って、気分をアップさせています。

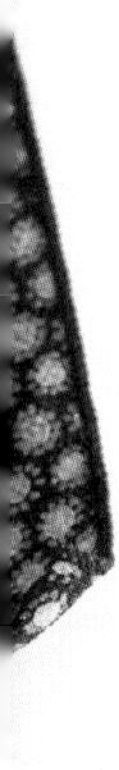

& more

気持ちの切り替えに、時には外ランチ、それもいい。なんとなく行く、ではなく考えて決める、が大切！

1

食材の買い物時間を減らす

牛乳3本、卵2パック、豆腐1丁、ヨーグルト1パック、など毎週注文する宅配スーパーは「定期注文」にして、注文せずとも届く仕組みをつくっています。

2

洗剤の種類を減らす

洗濯洗剤、お風呂洗剤、トイレ洗剤、は1種類のものを薄めて使っています。買う頻度もそれぞれのストック場所も減りラクに！

3

誰の下着やインナー？ 迷う時間を減らす

同じ性別のきょうだいや親子で色分け、もしくはスポーツブランドを分けるなどで対応。洗濯後の「これは誰のもの？」とチェックする時間が減り、みんながわかってラクになります。

4

ポイントカードを管理する時間と手間を減らす

よく使う店以外の、クーポンとポイントカードを思い切ってやめたら、気持ちがラクになりました。今は2枚だけ持っています。

5

つくりおきをする時間を減らす

つくりおきのための時間をなかなか取れないから、毎晩の夕食づくりのタイミングで、「いつもの倍の量をつくる！」ようにしています。半分はその日に食べて、半分は明日への貯金。

6

お弁当の箸箱ケースをやめる

夫とわたしは箸箱をやめて、洗えるお弁当つつみに直接箸を入れて持って行くようにしました。箸箱を洗うのって毎日なかなかの手間だったことに気づきました。

7

替えのシーツを持たない

布団シーツは替えを持たず、その日に洗って乾いたものをその日に装着。するとシーツをたたむ時間も、収納場所もカットすることができました。

8

再配達の手間と時間を減らす

オンラインの買い物は、選べるなら【置き配】がデフォルトになるよう設定。置いていただく場所の目印も記入しておきます。ドライバーさんのためにも、自分のためにも、再配達の手間と時間をできるだけ減らしています。

9

トースター、炊飯器、コーヒーメーカーをやめる

パンはガスコンロのグリルで、炊飯は鍋で、コーヒーはドリップで。一見丁寧な暮らしに見えますが、家電の掃除や収納場所もなくなって、シンプルでスッキリ！

10

炭酸水を買うのをやめる

炭酸水メーカーを導入し、ペットボトルの炭酸水を買うのをやめたら、ペットボトルのゴミが一気に減り、ゴミ出しの手間がなくなり、環境のためにもなり一石三鳥。

11

家族それぞれのシャンプー・リンスをやめて揃える

ブランドをひとつにしぼることで、ストックの追加購入の手間や管理の時間、収納場所も減りました。

12

きょうだい別の着替えを持たない

男女の双子のわが家。小さい頃は荷物を減らすためにお出かけのときの着替えは男女それぞれの着替えを持たず、どちらも着られる色目のボーダーなどをチョイス。きょうだいならふたりとも着られるサイズを持っていくのも◎

13

子ども専用のモノを減らし、家族でシェア

子どもが中学生になり、体型が親と近づいてきたこともあって、洋服やレインコート、バッグなども、子ども専用を選ぶより、親子で使えるデザインを選ぶことで、収納場所やコストもカットできるように。

14

提出物に記入する時間を減らす

毎年ある児童調査や過去の病気関連の検査用紙などは、初めて書いたときに写真を撮ってスマホに保存。翌年からはそれをベースに記入していくととてもラクになりました。住所が長く複雑な場合、ネットで数百円で注文できるハンコをつくってしまえば、きょうだい分の資料記入もラクになりますよ。

メールのやりとり回数を見直す

取引先と打ち合わせなどの日時や場所を決める際、お相手に手間をかけずに、何度もメールのやりとりが続かないように、少ないやりとりでできるメールづくりを心がけます。一度に、日時と場所をいくつかピック。そこから選んでいただくスタイルに。「どうしますか？」というフワッとした質問の仕方をやめるように。

書類作りを一からはじめることをやめる

見積書や請求書、企画書などのビジネス書類は真っ白な状態からつくらず、ネットでフリー素材を検索してから。雛形やテンプレートが見つかり、自分が一から考えるよりクオリティーの高いものが出来上がり、時短になります。

A4で1枚にまとめて、伝えるボリュームを減らす

提出書類はできるだけＡ４用紙１枚にまとめる気持ちで。自分もお相手もシンプルでわかりやすいし、作成時間も短く。優先順位をつける練習になります。

4

ショートカットキーの活用で、タイピング時間を減らす

基本的な「Ctrl+C=コピー」「Ctrl+P=印刷」などのほか、自分が毎日何気なく繰り返している作業はショートカットキーでできるかすぐ調べるように。わたしはＰＣを立ち上げたら、自動的にいつも使うアプリやサイトが立ち上がるような設定にもしています。

5

レイアウト印刷で印刷枚数を減らす

１枚のＡ４用紙に、２ページ分が印刷されるようにプリンターをデフォルト設定しています。印刷時間も減るし、持ち物も少なくなる。そしてエコにもなり、一石三鳥。

6

人を信じて任せ、自分の仕事量を手放す

自分でやったほうが早い、と思わず「信じて任せて」、自分の仕事量をおもいきり手放す。すると部下やスタッフは成長し、結果的にチームとしてできる仕事量が広がっていきます。

さまざまな
時間のお悩みに Emiさんが回答!

Part I

Emiさんが平日毎朝放送するラジオ*に寄せられたお悩みから抜粋！

＊Voicy「暮らす働く〝ちょうどいい〟ラジオ」

暮らしのこと

Q ワーママ3種の神器と言われる「乾燥機付洗濯機」「食洗機」などが設置できないわが家。**家電に頼ることができない**とき、Emiさんならどんな工夫をしますか？ あづさん

A いろんな事情により便利家電を使えない場合もありますよね。**私はそういうときほど燃えます（笑）！** 工夫次第でなんとかできる方法を見つける。例えば、食洗機が難しければ、食器やお鍋をできるだけ使わない工程にする。乾燥機を使えないなら、すぐ乾くポリエステル素材の服選びをしておくなど。「収納がない」「狭い」などはマイナス面にも見えますが、明るいほうから見れば、「**ものを厳選できる**」「**狭いから掃除が時短**」などよいことも見つかりますよね。

Q 生協の注文に加え、前倒しでスーパーへ買い物に行っています。しかしスーパーに行くタイミングを逃すと冷蔵庫スッカラカン！ となることが。Emiさん宅の**食材調達ルール**があれば教えてください。 ともみんさん

A **生協（前週に頼むタイプ）と、ネットスーパー（数時間で届くタイプ）のふたつ**を使っています。多少コストはかかりますが、**時間を買っているつもり**で、買い物に行く時間を減らして、ほかにあてるように。わが家は、金曜日に生協（生活クラブ）が届き冷蔵庫パンパン、火曜日にネットスーパーで追加注文。がざっくりルーティンです。

Q ご家族も含め**朝食のメニュー**は決まっていますか？ 朝食準備にどれくらいの時間がかかっていますか？ タケさん

A 中学生の子どもふたりともスポーツをしているので、**朝食は和食で5品ほど**しっかり食べて行きます。でも朝食用に改めてつくるものはほぼなくて、夕飯を多めにつくる、汁ものも昨日の残り、鶏ハムは週末つくりおき、と決めてルーティン化。**盛り付けて温めるだけ**なので、5分ほどでサッとできます。ちなみに私はその日の気分で、サラダにしたりお味噌汁と納豆にしたり。

Q **レシピ**はどのように整理されていますか？ たんぽぽさん

A 逆に……割り切ってレシピは残さない！ と決めるのもひとつです。私はほぼ残して

いません（笑）。検索すれば似たようなレシピはたくさん出てくるし、家族に好評なものは、**自分の頭で覚えておけるくらいのレシピがちょうどいい！**とプラスに考えています。自分の中で優先順位が低ければ、残す時間、探す時間、残せていない罪悪感、は減らしてもOKかと！　私はレシピは残しませんが、子どもの写真整理にだけは時間と手をかけて残す、ことを選んでいます◎

Q 「○○が欲しい！」と思って**スマホで検索**をかけると、「こんなのもある！」「口コミ見てみよう！」と、あっという間に時間が経ってしまいます。

ほみさん

A モノ選びは、スマホで検索をかける前が勝負！　ふわっと検索してしまうと一気に沼にはまってしまうんです。例えばフライパンが欲しいとなれば、**事前に0つポイントを考えます。**「今と同じ28㎝、テフロン加工、色はシルバー」など。途中で変更になってもいいので、いったん自分の今求めているものを、3つくらいキーワード出ししてみる。すると、お目当てのものに巡り合いやすいし、口コミで流されることも少なくなります。

Q Emiさんは**朝のメイク**にどれくらいの時間をかけていますか？　私は毎日ほぼ同じ時間に起きるのに、「時間がなくなってマスカラが塗れなかった……」なんてことがあります。

Kimieさん

A メイクは**約15分**ほど。どう頑張っても5分にはなりません（苦笑）。私の中では、ほかの家事を削ってでも**メイクの優先順位が高い**ので、そこはキープしています。メイクの先生によると、眉毛が顔の印象として大きな要素だそうです。メイク時間が取りづらいようでしたら、ベースのあとは眉毛から！　チークやリップは後回し！　がおすすめです。

Q Emiさんは**どのタイミングで着替え**をされていますか？　私は朝起きてすぐに着替え、仕事から帰り、お風呂まで同じ服でいるのですが、料理のときに汚しそうで少しヒヤヒヤすることがあります。平日、休日の着替えるタイミングを知りたいです。

まるさん

A 平日も休日も、朝は出発ギリギリまでルームウェア（兼パジャマ）です。仕事から帰宅後、すぐお風呂に入れそうなときは入ってすぐ、ルームウェアでそのまま翌朝まで。帰宅後すぐ夕飯づくりの日は、ニットは脱いでエプロンだけします。**洗濯物ができるだけ減るように、**着替えの頻度は少なくしたいですよね。

Q **美容院**では何をして過ごしますか？

かんちゃんさん

A **美容師さんと話す、雑誌を読む**のふたつです。せっかくいつもと違う場所に来ているので「情報収集」の時間に。どうして美容師さんになったのかとか、20代のマッチングアプリ事情とか、新鮮で勉強になることがたくさん！　雑誌も、**いつもは読まないテイストの雑誌**から情報を得るようにしています。そういうときこそ新しいアイデアが思いつくんです！

chapter 6

「誰かのことで悩む時間」を「自分の時間」に変える

人の悩みはほとんどが人間関係だといいます。
そこに自分の大事な時間を使い過ぎないように。
ラクになれる考えかたができるといいですよね。

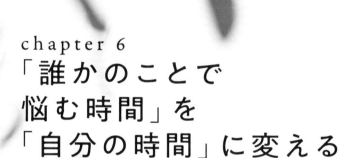

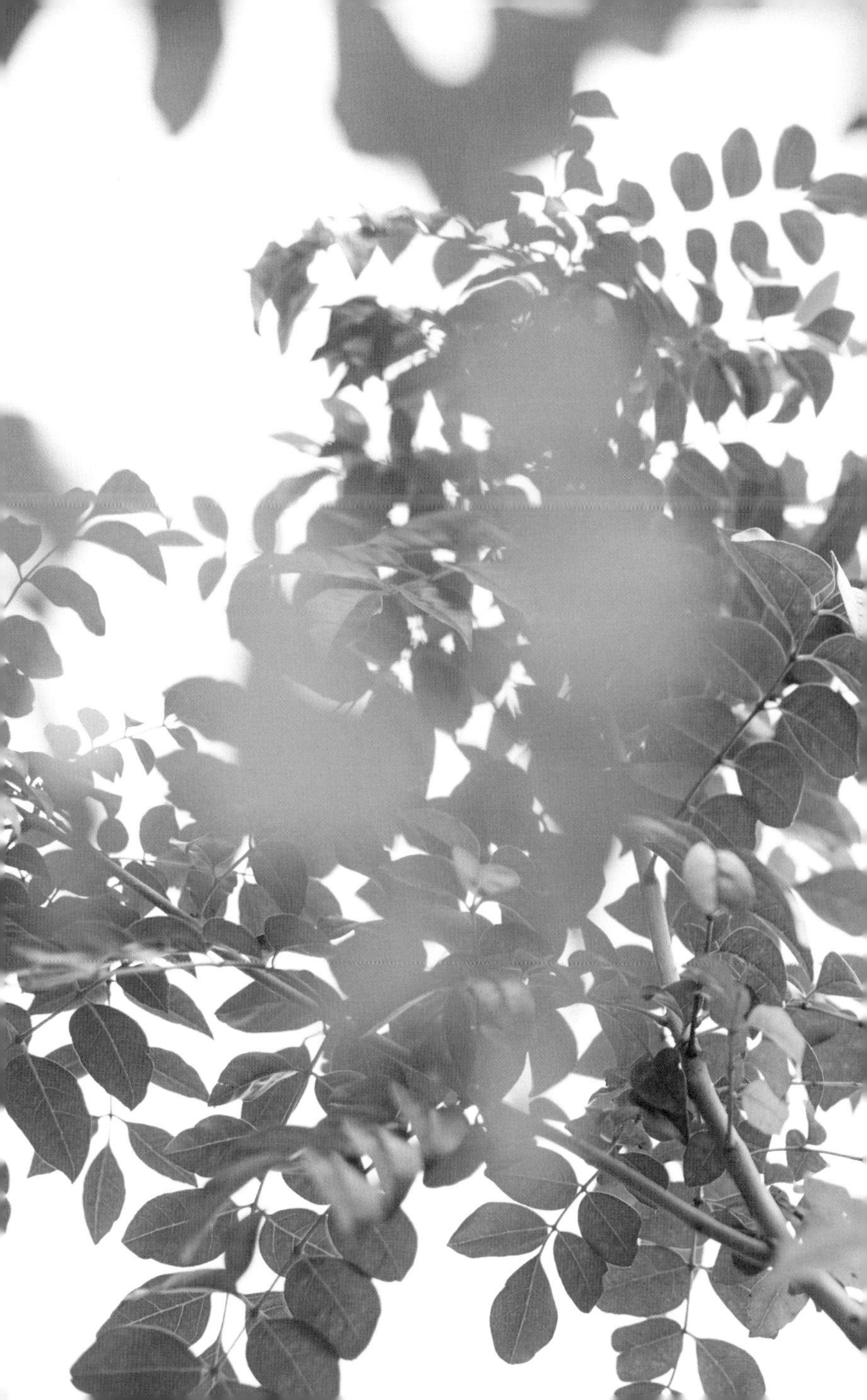

自分の時間を、自分でごきげんにする

時間術の本、最後の章は「『誰かのことで悩む時間』を『自分の時間』に変える」としました。

わたしは日頃、たくさんの方からお悩み相談を受けるのですが、1日24時間という限られた時間の中で、会社の人間関係、子どものつながりで出会ったママ友との関係、家族との関係……みなさん**「誰かのことで悩むこと」が多くの時間を占めている**なと感じます。

わたしも若い頃はそういったこともちろんありました。「あの人がこうだったらいいのに」「どうしてあんなこと言うのかな」。けれど今は「誰かのことで悩む時間」はほぼないんです。それは、**相手を変えることは難しい**からこそ、そこに時間を使うより、自分が変わることを選択できるようになったから。

自分で、自分がごきげんになるようにコントロールするほうが、よっぽど簡単でラク。ただでさえ、やりたいこと、やらなきゃいけないことがあるのに、誰かのことで悩んでいる時間はもったいない。

誰かのことで悩み、自分を抑えてぐっと我慢する。それは心も体も疲れます。ぐっと我慢するのではなく、**ぐーっと切り替えて、「自分のことを考える時間」にする**んです。

自分のことを考えるとは、

- わたしの家事をラクにする方法もっと探してみよう～！
- わたしの仕事、次にやってみたいことは何かな？
- わたしは何をしたらごきげんでいられる？

誰か、ではなく、**わたしを主人公にする**。

人に固執しない、変化していく人間関係もある。自分で自分をごきげんに変えていこう！

&more 人間関係で悩んだら。バッと環境を変えるより、まず気分が変わることをひとつ探す！

人に求めず「自分がしたいからする」

あるときこんなご相談をいただきました。「子どもとかかわる仕事をしていて、同僚との関係に悩んでいます。時間を守らない、挨拶せずに退勤する。何度か話し合っても一向に変わりません」。

子どもにかかわる立場として、相手に求めたくなるのもわかります。でも、相手を変えるのは難しい。自分の正しさと、相手の正しさの〝ものさし〟は違うからです。

こんなとき、わたしは**「職場で自分に求められている役割」**を考えます。〝目の前の子どもと向き合い、子どもにとってベストなかかわりをすること〟それが一番大事ですよね。この質問をしてくださった方は今、同僚の言動が一番気になっている状態。エネルギーや時間の使いどころが、本来求められている役割からズレてしまっているんです。

「わたしが、したいからしているだけ」。

時間を守るのも、同僚への退勤の挨拶も、なぜしているのか？　と立ち返ると、自分がしたいから、自分が必要だと思うから、しているのではないでしょうか。

相手に求めることに意識を使わず、「自分がしたいからしている」と思えると、スッと心が軽～くなりませんか？　同僚のことで悩む時間より大事なのは、目の前の子どもたちを見ること。すごくシンプルなことだけれど、忘れがちなことです。

「自分がしたいからする」は、家庭でも同じくです。

家族に対して「わたしのルール通りにゴミを捨ててほしい」「服はこの干しかた」「食器洗い後飛んだ水も拭いてほしい」など、求めたくなる瞬間がありますよね。でも、家族みんなが自分とまったく同じ考えかた、ということはほとんどないのではないでしょうか。気持ちもタイミングもやりかたも違いますもんね。

この話を友人に伝えたところ、ママ友のＬＩＮＥグループで返信をする人としない人がいて、迷ったときに「返信したいならすればいいんだ」と気持ちが整理されたとか。

ほかにも、同僚が掃除をきちんとしなくていつもイライラしてしまう、そんなときも「わたしはきれいになったら気持ちがいいから掃除しているだけ」と。人がどうでも、自分がやりたいことをやるというシンプルなこと。**相手と自分を切り分けて、人のことを気にしすぎない**。自分がしたいからする、そう思えるとすごくラクになります。

＆more
夫は植物が大好きで水やり担当。わたしは得意な収納担当。お互いしたいからする！

言いにくいことは
相手にとってプラスの言葉で伝える

人を変えるのは難しいとはいえ、自分が変わる、自分が我慢するばかりではいつか爆発してしまいそうです。では、どうやって相手に伝えるとうまくいくのでしょうか。

あるときこんなご相談をいただきました。「3年間在宅勤務の夫。リビングで仕事をするのですが、家族全員同じ空間で過ごすことにストレスがたまっています。『リラックスできないから、リビングで仕事をしないでほしい』と伝えたいです……」と。

3年間ずっと我慢。これがもっと長い間続いたら、関係が悪くなるのは目に見えていますよね。このことでずーっと悩み続けてイライラするのはしんどいものです。

わたしは家族でも職場でも、言いにくいことを伝えるときは、必ず「**相手にとってプラスの言葉で伝える**」ようにしています。ご相談くださった方のように「リラックスできないから、リビングで仕事をしないでほしい」と伝えるのは、自分が主語であり、さらに「ない」という否定を重ねた言い方。これでは相手には上手に伝わりません。

わたしなら、感謝の気持ちを最初に伝え、その上で気になることを伝えます。たとえば「いつもありがとう。みんな家にいる時間が長いし、パパが集中できるように、家族もリラックスできるように、上の階で仕事してくれたら助かるな～！」と明るく伝える！

また、子どもから伝えてもらうこともひとつの方法！　子どものほうがやわらかい表現で伝えることができ、効果的な場合もあるんです。

家庭でも職場でも、**わたしがしんどい、わたしがラクになりたい、の表現では伝わるものも伝わりません**。「相手にとってプラスなことを先に伝える」。

これができれば、コミュニケーションがスムーズにいき、誰かのことで悩む時間を減らすことにつながるはず。

- 明日の朝困るから、早く勉強しなさい！　↓今宿題して、あとでおやつ食べよう！
- 会社の備品、ちゃんと元に戻して！　↓戻しておくと、使うときラクだよ～！

「なぜわたしばかり、そこまで考えなくてはいけないの？」といったお声もいただくのですが、**言い方を変えるだけでコミュニケーションがラクになるなんて、すっごく時短**（笑）！　もめごとが起きる前に時間を使うほうがよっぽどいいことだと思うのです。

&more 家族で、プラスの言い換えの練習、やってみると楽しい！

サードプレイスをつくる

サードプレイスとは、自宅や学校、職場でもない、3つ目の場所のこと。みなさんはそんな場所を持っていますか？　誰かのことで悩む時間を減らすことと、サードプレイスは、実は深く関係があると感じています。

夫婦関係や子どものことを〝家庭〟で悩んだとき、同僚や上司、仕事のやりがいに〝職場〟で悩むとき、苦しくなったり煮詰まったり、そんなときにこの**3つ目の場所があることで、気持ちがすーっとラクになれる**。そう思っています。

わたしの場合は、サードプレイスはダンスレッスンの場。厳しく指導してくれる先生や、年齢問わず仲良くしてくれる60代のお姉さんたちに安心感をもらっています。抱えていることをくわしく話さなくても、なんだかその場に行くだけでほっと安らげたり、違う空気やエネルギーをもらえたり。

そのほかにももちろん、学生時代からの親友や、前の会社の同僚たちとの場も、サードプレイス。夫婦ともに、この3つ目の場所を持つことはすごく大切だから、いい交友関係を続けていけるように、時間と場所を持つことって必要よね！ と話しています。

友達関係も、「このグループしかない！」と思うと、嫌なことがあって苦しくても我慢してしまったりしますよね。でも、ほかに所属するコミュニティがあれば、しんどいグループからは離れてもいいし、問題が小さく感じられます。今もし特定の人間関係で苦しい人がいたら、別の居場所を見つけることで解決のヒントが見つかるかもしれません。

また、**直接的に人と交わらないことも、立派なサードプレイスになります**。

アイドルや俳優さんなどの〝推し活〟もひとつ。それから、近所の素敵なバーやカフェのカウンターだってそう。友達と集まらなくても、何か好きでホッとできる場所があれば、普段の日々をがんばることができますよね。

中学生の子どもたちにも、家庭と学校以外のもうひとつの場所があると、気持ちがラクになるよ〜と伝えています。

& more わたしは近所にひとりで飲みに行けるワインのお店を探しているところです。

コミュニケーションの伝わりかたは、人それぞれ

経営者として、スタッフ30人ほどと接している中で、人によってコミュニケーションの伝わりかたは違うなと感じています。

たとえば「〜時までに、ここで、この内容をしておいてね〜」という同じ内容でも

- 文字にしてLINEしたほうが伝わるタイプ
- 耳で聞いただけで理解できるタイプ

たとえば何か新しい事業に興味を持ってもらうときにも、

- 写真などビジュアルを見せてあげるとやる気になるタイプ
- 文章で丁寧に説明するとやる気になるタイプ

など。どちらがよい、悪いということではなく、人は、**同じ内容でも、耳で聞くのが得意、目で見るほうが理解できる、写真のほうがパッとわかる！** など本当にそれぞれタイプが違います。

それは家族や友人でもそう。「こう伝えたのにうまく伝わらない！　なんで⁉」と思ったとき、伝えかたの工夫をしてみたら、うまくいくことがあるんじゃないでしょうか。

あるご夫婦は、妻が夫に対して、「わたしが言ったことを言った通りに全然やってくれない！」と怒っていらっしゃいました。そこで、「ご主人は、もしかしたら聞くだけではわかりづらいのかもしれないから、何か別の形で残してみては？」と伝えたところ、「そういえば！　夫はずっとメモを取っているんです！　そんなことメモしなくてもわかるでしょ、ということまで……」と。

きっとご主人は、「文字で理解できるタイプ」なんですよね。そのときに、ご相談くださった方は、ご自身が口で話す、耳で聞き取る、が得意なタイプだと気づかれていました。

夫婦であっても、伝わるコミュニケーションの形は違うから、**お互いが得意とする形に変えてあげると、うまくいくことがたくさんありそうです**。

ちなみにうちの夫はビジュアルで理解するのが得意なタイプ！　わたしが旅行の相談をするとき、文字で何かを伝えるより、写真をたくさん見せて、ここ行きたい！　こういうことしたい！　と伝えたほうが、すんなり決まっていきます。

& more さてパートナーは何で伝えると理解してくれやすいですか？

子どもの気持ちを、親が勝手に超えない

日々いただくご相談の中に、「先日子どもがサッカーでレギュラーから外されました。息子本人はそこまでくやしいとは思っていない様子。わたしのこのくやしい！　と思う気持ちをどこへ持っていったらいいかわかりません」「子どもが受験した学校に落ち、本人より親の動揺が大きく気持ちを切り替えられません」という内容がよく寄せられます。

子ども自身はくやしいと思っていないのに、親が子どもよりくやしい、負けたくない、もっとがんばってよ！　と思う気持ち。スポーツでも勉強でもよくあることかと思います。

実は、わたしはこの気持ちが子どもに対してまったくないんです。くやしいという感情だけではなく、うれしい！　という喜びもまた、子どもを超えることはありません。

気をつけているのは、**子どもの気持ちを超えて、親がくやしがったり、喜んだりしないように。**

子どもの人生は、子どもの人生。

わたしの人生は、わたしの人生。


わたしは私の世界で、くやしいこと、がんばりたいことがある。だから、そう思うのかもしれません。

「ダンスが上手に踊れなくてくやしい！　もっとがんばりたい！」

「仕事のイベントが成功して最高！　達成感〜！」

まだまだ子育て半ばですが、子どもの気持ちを超えて、親が踏み込むのはうまくいかない気がするんです。子どものことを、本気になって応援するのはもちろんいい。でも、**土足で入ったらいけないラインはある**のではないでしょうか。

子どもの進路やスポーツ、わたしも中学生の親として、後ろからそっと見守ってはいるけれど、過度な心配や寄り添いはしていません。自分で悩んで、自分で答えを出して、自分で決めることに意味があるのだと思うのです。

&more
友達や先生との関係も、全部良好！より少し悩んでも「いろんな人がいる」とわかるのが大事。

自分の〝好き〟をオープンにしてみる

あるとき友人が「わたし、ずっと〝声をかけてもらえる人〟でいたい、って思ってるんだよね」と話してくれたことがありました。

ちょうどその頃、「最近、新しいよい出会いがないな〜」なんて思っていたわたしにとって、ガツンと頭を殴られたような衝撃的な言葉でした。

出会いがないのは、自分にそれほど魅力がないから。声をかけてもらえるように、そして、**おもしろいと思う人から誘ってもらえる努力が必要**。ということなんですよね。

10数年続けてきたブログやInstagramでの発信。それまでは片づけや収納、暮らしまわり、そして子育てのことをメインに発信してきていたのですが、そこから、もっとパーソナルな自分の「好き」も発信してみようと始めてみました。

- 舞台演劇が好きになって観劇に行っていること
- ダンスレッスンに行ったその日の感想

・夫婦でよく行くワインのおいしいお店

など趣味的な発信を始めたところ、友人から観劇に誘ってもらったり、お客様とはダンスの話で盛り上がったり、ワインにくわしい友人から「えみがワイン好きになるとはびっくり！　一緒に飲みに行こう」と声をかけてもらえるように。

そういった意味でSNSは輪が広がりやすいツールです。普段の生活では新しい出会いを探す余裕もないし、人と話す機会もたくさんは持てない。それでも、**好きなことや興味があることを発信して貯金していけば、いずれ花が咲く**。ほかにも誰かとの会話で〝好き〟をオープンにしてみるのも大きな一歩、ではないでしょうか。

今の友人関係や人間関係も、変わってゆくものだと思います。

目の前の人間関係がうまくいってないとしたら、そこに悩む時間はもったいない！　時間は限られているし、人生にももちろん限りがあります。人とつながって人生を豊かにごきげんに暮らしていけるように、**まずは自分の〝好き〟をオープンにしてみる**。そこから広がる新しい世界に時間を使ってみるのはどうでしょうか。

24

&more 人の目を気にし過ぎず、小さな〝好き〟の発信から始めてみよう！

さまざまな
時間のお悩みに Emiさんが回答！ Part 2

時間の使いかた・効率化のこと

Q Emiさんは日曜日の夜にその週やることを5分で書くとおっしゃってましたが、私は5分では書けません。**「これはいつやろう？」と悩んでしまいます。**サクッと書くコツを知りたいです。

みーさん

A 「やることを書き出す」「いつやるかを考える」のふたつを一緒に考えていらっしゃるんですね！ 私は、「日曜の夜5分で、翌週のやることを書き出す」だけで、**来週のいつの何時にするかまで細かいことは考えていない**んです。予定は変わりますし！ 悩むことに時間を使っていると、みーさんはご自身でよくわかっておられるので、一歩前進！ 来週は、まず「書き出す」。いつやるかはその日か前日に考えるでOK！ としてみてはどうでしょうか？

Q ごはんを食べながら動画を見ていたら**どちらも中途半端**になったり、目の前のことに集中したいのにできなくて、もったいない時間を過ごしてしまいがちです。

あゆみさん

A 目の前のことに集中したいのにできない、それこそがあゆみさんらしさ、なのかもしれません。マイナスに捉えると「集中力がなくもったいない」ですが、プラスに捉えると「マルチタスク、同時に色々できる！」かと。**気の持ちようで、両方できた！ と捉えられる**のではないでしょうか。たぶん、あゆみさんは、ひとつに集中しよう！ と誰かにに言われても、ほかのことも気になってしまう性格なのでは？ ちなみに私もマルチタスクタイプ（ものは言いよう笑）。スマホを見ながら本を読む、テレビを観る、家族と話す、は毎日同時進行です（笑）ー

Q 突然入ってくる大切な用事に疲弊してしまいます。子どもがお友達と遊ぶ約束をしてきて仕事のあと公園へ付き添い。ママ友からランチのお誘いの時期が重なる。**どれも大切にしたいけれど、予定がパンパンになると疲れます。**調整するコツはありますか？

りみはさん

A どれも大切にしたい！ と思えるものがたくさんあるのはとても幸せなことですよね！ ただ、今の状態では、体がついていかず本末転倒になってしまっているかも!? **ランチのお誘いは、何度かに一度はお断りしたり、また「モーニングに」と代案を提案してみて、朝早めにサクッと会うのもひとつ。**私は近所の友達と飲みに行くのを、夕方軽く1杯だけで18時解散！ とすることもあるんです。それでも気持ちはスッキリ！

Q 保護者会等の集まりで、話が脱線したり、**結論が出ず長々と話が続いたりする場合**にはどう対処しますか？

とまこさん

A 自分が進行をできる立場やその周りにいる役割の場合

は、上手に進めていけるように努力しますが、そうでないときは、無理に進めたり、逆にモヤモヤすることもしません。あえて、状況を観察したり、「自分だったらどう進行するかな～」と考えながらメモします！ **意味のない時間は絶対にないから、「ここから何かを持って帰ろう～！」という気持ちで参加する**かなと思います。

仕事のこと

Q Emiさんがおっしゃっていた「うまくいった仕事は振り返る」や「今後も続くことは仕組み化する」をマネさせてもらっています。ただ、**振り返りにすごく時間がかかってしまい**、別日に持ち越し、中途半端に終わってしまうことが多いです。

tokotokoさん

A 実践してくださってるのですね！ 私は、そこに時間をかけすぎず、**今日振り返ることができたのが〝ちょうどいい量〟**だと思うようにしています。別日に持ち越す、という感覚があまりなく、中途半端だと決めずに、それが今できる私のベストだと思うように。今考える、今決める。それをまた次に実践してみる！ の繰り返しです。

Q 仕事のタスクは手帳に書くEmiさん流に変更しましたが、タスクが多すぎるのか、段取りが悪いのか、ここ数年で「やるべき仕事が終わった～！」と思って帰宅したことがありません。翌日、**翌週に持ち越す仕事が雪だるま式に溜まっていき**モヤモヤ……。

tomomiさん

A 次に残るとモヤモヤしますよね。私も以前は同じように持ち越しが多かったです。でも、**今は自分の「持ち時間と、できる量」の感覚がわかるようになってきました。**つまりtomomiさんはまだスタートしたばかりなので、ご自身の持ち時間と、これくらいできるはず！ の設定がまだ合っていない、というだけなんだと思います。今はその練習のタイミング！ リストを見て**「そもそも必要か？」「誰かにお願いできる仕事か？」**「スピードアップできる方法は？」も見直すとよいです！

Q 3人のワンオペ育児で単身赴任の夫にも頼れず、**思うように働けない**もどかしさを感じます。フルタイムで働くにはまだ時間がかかりそうなとき、Emiさんならどのようにモチベーションを維持されますか？

さとまるさん

A もし私がさとまるさんだったら、**いつかフルタイムで働く24時間を、具体的に一度書き出してみる**と思います。そのときに必要なスキルや考え方（例えば、もっと家事効率をよくしておこうとか、部下がいるイメージなら指導の本を読んでみるとか？）を想像して、今できること、に落とし込むと思います。前に進んでいない停滞感を感じておられると思うので、**今できることを見つける、やってみる！** と、前に進み始める感覚を感じられるかもしれません。

Q 会社で業務改善・組織効率化を担当することになりました。**そもそも時間術や仕事術などにまったく興味がない社員**に効率化の重要性を知り、気づいてもらうためにEmiさんなら何をされますか？

mimozaさん

A 会社のみなさんが**すべて同じ方向に向くということはそもそもない**、と考えています。その上で、自分が進めたいプロジェクトに興味を持ってもらうためには、「自分自身に興味を持ってもらう」つまり、**効率化して働いていてかっこいい！と思ってもらう発信をする**など。また、「**相手にとってプラスを伝える**」ように。時短をすることで、この評価がアップする、売上が上がる、家族との時間を持てて有意義な暮らしをしている方がいるよ、など、それぞれの方に合わせた「よいこと」を伝えていくようにすると思います！

Q 仕事を受注する立場のため、先々の見通しが立てづらいのですが、Ｅｍｉさんは**フリーランス時代**どのように時間をデザインされていましたか？ また、**お相手のある仕事柄**、スケジュールが押しがちで締め切り前に夜遅くまで作業をすることが多いのですが、改善できることはあるでしょうか。 ＭＳさん

A ずばり、フリーランスの特権は、自分で時間をコントロールできることです！ 会社員ではないからこそ、自分の裁量で時間を決めることができます。お相手がいてこそのお仕事は、どのジャンルも同じですが、「**平日のみ仕事のお返事します（つまり土日は休む）、平日夕方17時には仕事を終えます**」**そんなスタイルでやります宣言！**をしてでも、仕事が舞い込んでくるように、自分の仕事をデザインする。毎回締切が遅れるお相手の仕事は、卒業していく。それでも、自分の仕事に自信があれば次の新しい仕事は必ずやってきます！

育児のこと

Q 質問は**中高生の子どもたちとのコミュニケーション**について。わが家は中高生の姉妹がおり、帰宅時間も休みもバラバラ、それぞれ予定もありで、一緒にすることがすごく減り、声をかけるときは、全部伝えようと色々お節介なことまで言ってしまいます。 ｙｏｋｏさん

A **子どもの興味があることに、私も関心を持つ！**です。わが家も中学3年生のふたり。一緒にごはんを食べる時間も減ってきました。娘はアイドルが好きなので、曲を聴いたり、ＴＶ出演情報をＬＩＮＥでシェアしたり。息子はサッカー。夫が海外の試合を息子とシェアしたり、などしています。そして私たち夫婦自身が、おしゃれや洋服選びに興味があり、そこを子どもたちが尊敬してくれているなと感じることがあります。**洋服の貸し借りもコミュニケーションのひとつ**となっています。

Q Ｅｍｉさんは**子どもの習い事や勉強をみる時間**はどの時間帯につくられていましたか？ 家に帰ってバタバタしたらあっという間に寝る時間になってしまいます。 こつこつさん

A ずばり……**宿題や勉強をみる時間は0でした**。小学4年まで勉強系の習い事は0。ひらがなの読み方などは、教えなくても、必要なタイミングでいずれ必ず読めるようになります。**とにかく焦らない、人と比べない**。教えないと、と焦って教えるのが、親子とも一番疲れてしまうのではと考えていました。

ただ、机に座る習慣だけはつけるようにしていて、朝保育園に行く前に、集中してぬりえ、迷路などを、座ってする、はやっていました。夕方は18時半に帰宅して21時に寝るまで、バタバタの日々でした！

Q わが家には8歳、5歳、1歳の子どもがいます。21時にはベッドに入りたいと思い、逆算して夕食やお風呂の時間を決めているのですが、子ども(特に上2人)がゲームや遊びを切り上げてくれず、**なかなか予定通りに進みません。**

serinaさん

A とにかく**帰宅後、即お風呂！**でした。「お風呂に入るよ～」の声かけがひとつなくなるだけでも、親子ともどもラクになるんですよね。そして子どもが時間を守るためには、**「子どもが自分でスケジュールを決める」**。遠回りのように見えるのですが、自分で時間の組み立てを考える→やってみる→失敗もするけど感覚がつかめる。これを子どものときにやっていると大きくなって力を発揮すると思います。そのときにご自身も一緒に「ママも今日20時までに洗い物終わらせるね！ よし！」という感じで、横並びで一緒に進める！ がうまくいくと思います◎

Q 5歳の双子がいるわが家は、**夫婦の時間がなくなってしまっています。**Emiさんはお子さんが小さかった頃、どのように夫婦時間をつくられていたのか教えて欲しいです！

おけいさん

A 子どもが小さかった頃は、おけいさんと同じように時間をつくるのが難しかったです。**夫婦のコミュニケーションは「顔を見て話す」だけではなく**できることも。LINEでおもしろいスタンプを送り合ったり、気持ちを伝えたり。時間がなくても、コミュニケーションは必要だよね、と伝えるだけでも、子どもが小さい頃は十分かと◎子どもが中学生になると一気に夫婦時間がやってきます～。

Q 4歳と9歳の子を持つシングルマザーです。平日は18時まで仕事、帰ってから毎日バタバタです。今年に入り資格の勉強を始めたのですが、最近長男から「サッカーを習いたい！」という訴えがあり……。平日の送迎時間を考えるとすぐにOKを出せずにいます。**子どものやりたいことをやらせてあげたい思いと、自分の資格も諦めたくない思い**で葛藤しています。Emiさんならどうされますか？

ハセママさん

A 毎日本当にお疲れ様です。私なら……**子どもの「好き！」が見えた瞬間を逃したくない！**と思うので、OKを出すと思います。ただ、自分の資格の勉強も諦めたくない。なので、子どものサッカーを見ている時間に集中して、耳で勉強する(資格のテキストをオーディオブックで聞くなど)のはどうでしょうか？ 息子さんが毎週あるサッカーの時間にあえてルーティン化することで、ハセママさんにプラスになる！ と考える。**子どもが自分の好きなことをやりたい！って言えるって幸せ**です。その瞬間はずっと続くわけではないから、大事にしてあげたいですよね。

おわりに

年明けから毎日コツコツ……コツコツと、朝や夕方の時間を使い、この本の原稿を書き終えたのが4月の頭のことです。

いったん原稿は書き終わったものの、デザインの赤入れや、写真を揃える準備、さらに会社の次季ウェアの企画、雑誌の取材、商談とバタバタと忙しくしていました。

そんなとき、わが家の双子が中学3年生に進級し、平日の昼間に「授業参観と修学旅行説明会」が開催されると知りました。ふと頭をかすめたのは、

「担任の先生もだいたいわかっているし、修学旅行説明は用紙でも十分かな……。仕事も忙しいし、今回は参加しなくても……いいかも……？」

一度はそう思ったものの、最初で最後の修学旅行。忙しいけれど、説明会に参加してみようと気持ちを切り替えました。仕事の合間にギリギリなんとかすべり込んで……。

すると、

・持参のお小遣い金額が昨年よりアップしたのは、実行委員の生徒たちが物価高の続く社会情勢を鑑《かんが》みてプレゼンをし、学校の了承をもらったこと（すばらしい！）

・中学2年生の遠足での生徒たちのすばらしい行動により、自由行動の時間が増えたこと！